ELLE NE M'A JAMAIS QUITTÉ

DOMINIQUE FARRUGIA

ELLE NE M'A JAMAIS QUITTÉ

Robert Laffont | Versilio

ISBN : 978-2-221-25195-9
Dépôt légal : octobre 2021
Éditions Robert Laffont – 92, avenue de France, 75013 Paris
Éditions Versilio – 28, rue Bonaparte 75006 Paris

À Isabelle.

Le réalisateur : Vous !
Hrundi V. Bakshi : Moi ?
Le réalisateur : Oui, vous. Dégagez de mon plateau et de mon film. Dehors, dehors ! Vous êtes viré, vous êtes fini ! Et je veillerai personnellement à ce que vous ne fassiez plus jamais aucun film !
Hrundi V. Bakshi : Est-ce que ça inclut la télévision, monsieur ?
Blake Edwards, The Party

Ils allaient obscurs sous la nuit solitaire.
Virgile

Prologue

Los Angeles, 3 septembre 2018, sept heures, heure locale, Beverly Hills Hotel.

Mon réveil sonne et je reçois, presque simultanément, un message m'indiquant que la réunion est reportée. J'en prends mon parti, décide d'en profiter pour traîner au lit. Je me rendors, on frappe à la porte, j'ai oublié que j'avais commandé un petit déjeuner la veille. Je m'apprête à enfiler mon bas de pyjama parce que comme beaucoup d'hommes, dans la nuit, j'enlève mon bas de pyjama.

Et là ma hanche lâche. Je tombe. À genoux.

Je ressens une douleur atroce, une souffrance jusque-là inconnue. Je force comme un fou pour trouver le courage d'aller attraper le téléphone. Je fais une trentaine de tractions, le buste au supplice, pour essayer de prendre le combiné de l'hôtel, qui est trop loin de moi. J'appelle à l'aide, je crie aussi fort que possible, mais le serveur derrière la porte ne m'entend pas.

Je cherche mon téléphone portable des yeux. Il est là, à quelques mètres, sur la table de nuit, mais il me paraît être à trois kilomètres. Je l'agrippe après une dizaine de tractions supplémentaires, endolori de la taille aux pieds. Et ma tête claque des efforts faits. J'appelle la réception de l'hôtel pour leur expliquer que je suis tombé. Mon anglais est plutôt bon, mais ils ne comprennent pas que je suis à terre. Le temps semble plus long que jamais, à leur répéter en boucle ce qu'il vient de m'arriver. Je parle fort, en articulant abusivement, en soufflant à l'excès. Je suis désespéré, finis par raccrocher, sans savoir s'ils viendront me porter secours. Ce qu'ils feront, finalement.

Je suis toujours au sol et sans bas de pyjama, sans slip non plus quand ils entrent, mais je n'en fais pas cas. L'humiliation est courante pour moi, elle est même plus que courante, elle est quasiment tout le temps là depuis que je suis malade. Et il n'y a aucune parade contre cela, alors je fais avec.

On me relève, on me met sur le lit et je remercie. J'attends quelques secondes avant de tenter un mouvement pour me remettre de mes émotions et calmer un peu la chamade qui m'agite presque en entier. J'essuie les perles de sueur qui se sont répandues sur mon front pendant que je luttais pour me redresser, prends une grande inspiration et décide de me remettre en mouvement, du moins vérifier que c'est à nouveau possible. Je tortille mes doigts de pied, contracte une cuisse, puis l'autre, tout semble être à nouveau d'aplomb.

C'était il y a trois ans, j'étais en route pour le Festival international du film de Toronto et j'avais décidé d'en profiter pour faire un crochet par Los Angeles. À ce moment-là, je sors d'un moment difficile, je prends un traitement pour la sclérose en plaques qui ne me convient pas, une chimiothérapie alliée à des corticoïdes. Donc, quelques jours dans cette ville que j'adore et la perspective de voir des gens que j'aime me comblent de joie. Je suis tellement heureux que j'en oublie ma maladie, même si je boite déjà, même si la marche se conjugue depuis bien longtemps avec efforts et béquilles. J'arrive à faire dix à quinze mètres et à m'habiller seul. Je suis encore autonome.

J'ai prévu de dîner avec Omar Sy et son épouse le jour même de mon arrivée à Los Angeles. Le lendemain matin, j'ai ce coup de fil de travail à passer et puis en fin de journée, j'ai prévu d'aller au vernissage de l'exposition de JR, un ami graphiste. Tout se déroule comme prévu, je dîne avec Hélène et Omar en terrasse parce qu'il fait doux. Et on passe une soirée délicieuse.

Je décolle un peu du sol pour admirer le tableau qui me met en scène, je me dis que je suis qui je veux être, un producteur de cinéma, dans la ville des plus grands studios du monde, d'Universal, de la Warner, de Steven Spielberg, Billy Wilder, de tous ceux dont je regardais les films quand j'étais gamin, c'est ce que je me dis ce soir-là. J'aime beaucoup L. A. pour tout cela, également pour son doux climat, ses palmiers, ses plages à perte de vue, ses propriétés hallucinantes, pour tous les rêves de gloire qu'elle a vu naître et s'accomplir.

Je quitte le restaurant, embrasse chaleureusement Omar et sa femme, que j'aime depuis longtemps. Je rentre à l'hôtel, bouquine un peu comme chaque fois avant de m'endormir et mets une alarme pour le rendez-vous téléphonique prévu le lendemain matin. Lendemain qui ne sera pas celui que j'avais prévu puisqu'il s'agit du jour de ce maudit effondrement.

Après cette alerte qui m'a causé tensions et souffrance, mais que je vois comme une simple secousse, j'attrape mes béquilles et je me sens prêt à reprendre ma route. D'autant que je veux profiter de chaque seconde de ce voyage. Pourquoi en serait-il autrement ? Je n'ai plus mal nulle part. Disons que cet éboulement était une parenthèse, un signal que ma sclérose en plaques est là, mais rien de plus que cela. Je ne me dis pas qu'après une chute, les muscles sont chauds, que cette chaleur, ce bien-être est un leurre. Non, je ne me dis pas ça, juste que j'ai faim.

Je commande à nouveau un petit déjeuner, qui m'est livré en une quinzaine de minutes. Je m'installe sur la terrasse de ma chambre car il fait, ce jour-là, très beau. Pendant que je déplie ma serviette, masse le pain pour m'assurer de son croustillant, je jette un coup d'œil à la presse, prends lentement une gorgée de café, car j'ai finalement tout mon temps aujourd'hui. Après une demi-heure à savourer le moment présent, je me lève pour aller me débarbouiller dans la salle de bains. Je place mon portable dans la poche de mon pyjama et avance, doucement, en prenant appui sur mes béquilles.

Je dois en être à mon cinquième pas quand je chute à nouveau. J'appelle une nouvelle fois la réception, qui m'envoie trois employés de la sécurité pour m'aider à me relever. Trois et aucun de trop car à l'époque, je pèse cent dix kilos.

Une fois remis au lit, j'appelle l'hôpital, explique ce qui vient de m'arriver, et dis que je suis tombé et que je souffre, bien sûr. Et je m'y rends dans la foulée, malgré la difficulté indescriptible que j'éprouve à m'asseoir dans ma chaise roulante et monter dans le taxi. Je suis rapidement pris en charge, on me fait une IRM qui me coûte, de mémoire, dix ou douze mille dollars (heureusement que j'ai une assurance !). Le médecin pense que ma cheville est cassée, je ne pousse pas les contrôles plus loin, décide de retourner à l'hôtel et d'appeler mon docteur à Paris, qui me dit, comme je m'en doutais, de rentrer d'urgence car lui sait que ma chute est sans doute liée à ma SEP. Merci là encore à mon assurance, qui me rapatrie illico.

Arrivé en France, je suis transféré de l'aéroport à la clinique en ambulance. On me fait des radios et on y ajoute une nouvelle IRM. Rien n'est apparemment cassé, rien de gros en tout cas, juste un petit os derrière le tibia. Et puis j'ai une rupture des ligaments croisés, ce qui explique que je ne tienne plus debout. Ça n'aurait pas dû me faire rire, sauf que si. Parce que c'est une blessure de footballeur alors que je me la suis faite en remettant mon pyjama !

Je ne suis plus jamais retourné à Los Angeles. J'ai enterré cette ville dans le même tombeau que mon autonomie. Car si une rupture des ligaments ne laisse pas de séquelles à quelqu'un en bonne santé, en revanche quand on a une maladie dégénérative, c'est le début d'un cauchemar, comme toute cassure. Depuis ce jour maudit, je suis en chaise roulante. Voilà comment un jour une simple chute mute en un handicap majeur. Cet instant est le pire souvenir de ma vie, la minute où j'ai compris que je ne pourrai plus rien faire tout seul.

Ça m'ennuie de parler de ma maladie, du handicap. Non : en fait ça me fait chier. D'abord parce que j'ai une image de mec marrant et que ce livre ne l'est pas. C'est drôle parfois, mais pas que. C'est l'occasion d'un coup de gueule, retenu depuis longtemps, et que j'ai finalement décidé de pousser ici et maintenant, parce que ça fait une éternité que je fais bonne figure.

Je me suis retenu d'écrire cet ouvrage parce que j'ai la frousse, tout le temps, de faire le truc de trop. Ça, je ne sais pas l'expliquer, c'est ainsi. Et puis si je n'ai jusque-là jamais non plus voulu me raconter, c'est également parce que je crains les réactions de ceux qui vont me lire, en particulier des malades. Certains pensent que je ne suis pas comme eux, que je suis trop chanceux d'avoir un métier que j'aime, une femme, des enfants, que j'ai une vie de rêve en résumé. C'est évidemment faux puisque je suis malade.

Enfin, j'ai beaucoup hésité à prendre la plume : rédiger ça veut dire se livrer, se mettre à poil. Et ça, ça me fait autant envie que de me recevoir une paire de baffes. Ce n'est vraiment pas simple de m'épancher, et surtout, je ne le fais jamais.

D'habitude, je ne touche pas à l'intime. Il suffit de regarder mes photos sur Internet, il n'y en a pas une de mes enfants, pas une de ma famille en vacances. Il y a bien quelques clichés de ma femme et moi sur un tapis rouge, à une inauguration ou une autre, mais ce sont les médias qui nous ont toujours sollicités. Et nous avons constamment refusé. Sauf une fois c'est vrai, pour *Paris Match*, parce qu'on m'avait demandé de parler de ma SEP, et que ce jour-là, je me suis dit pourquoi pas.

Ça fait trois décennies que je vis avec cette affection. Elle ne m'a jamais quitté. Je trouve que c'est suffisant pour en parler avec du recul. Pour dire ce qu'elle m'a enlevé, et ce qu'elle m'a apporté aussi, parce qu'elle m'a apporté.

Je vais parler de moi dans ces pages, mais ce n'est ni pour flatter mon ego ni pour la postérité. C'est pour une seule raison : qu'on s'intéresse au handicap, visible ou invisible, parce que ce n'est pas le cas, et c'est une honte. Enfin parce que je veux que ceux qui ont ma maladie sachent qu'on peut la dépasser, que rien n'est simple, mais que c'est plus qu'envisageable : c'est faisable. Et que ça vaut pour tout handicap.

1

Je prends mon élan

S'il y a bien une chose avec laquelle on ne badine pas dans ma famille, c'est la musique. Je reviens sur ce que je viens d'écrire : on ne badine avec rien mais avec la musique encore moins, du côté de mon père en tout cas.

Son père à lui, mon grand-père, dont je tiens mon deuxième prénom, le très usité Spiridion, jouait du basson (à la salle maltaise de Tunis). Il a eu six enfants dont deux fils. Seuls ces derniers étaient objets de son attention. Sa femme, ses filles, il devait les aimer mais pour dire les choses franchement, il n'avait pour elles aucune ambition. Ai-je oublié de préciser qu'il était maltais ?

Je me rappelle d'ailleurs d'un déjeuner avec lui et le reste de la Familia. Lui, toujours en bout de table, chapeau sur la tête. Mon père veut parler – papa a cinquante-huit ans au moment de ce repas – et se prend une tape sur la main de mon grand-père. Pourquoi ? Mais parce qu'il n'a pas à prendre la parole sans l'aval du chef de famille, comme ça, sans autorisation de son géniteur ! Maintenant que le personnage de mon grand-père est posé, vous prenez le même avec trente ans de moins et vous avez mon père.

Papa, donc, et son frère ont étudié la musique classique, comme l'exigeait le patriarche, lequel avait d'ailleurs l'habitude, à Tunis, d'emmener mon oncle une fois par semaine devant un magasin de pianos, et de lui dire : « Le piano, ou tu en joues, ou tu le portes », comprenez c'est artiste ou déménageur. De fait, son fils a décidé de pratiquer. Un choix éclairé puisqu'il est devenu un pianiste renommé. Il était le chef d'orchestre de Mireille Mathieu et, pour l'anecdote, c'est lui qui joue dans *Pour un flirt avec toi* de Michel Delpech. Il avait un talent fou, comme son frère, mon père.

Parce que Papa était également musicien, comment aurait-il pu en être autrement ? Il jouait du piano, comme tonton, mais aussi de la batterie et il avait du succès dans les deux matières. D'abord à Tunis, là où il a grandi, dans ce quartier qu'on appelait la Petite Sicile, puis en Algérie plus tard, puisqu'à cette époque, il deviendra là-bas chef d'orchestre. Pour la petite histoire, il y fera danser les parents d'Alain Chabat à Oran. C'est marrant quand on y pense… Bref, tout ça pour dire que la tradition *farrugiesque*, c'était de faire de la musique classique de père en fils.

Donc, dès que j'ai été en âge, c'est-à-dire vers cinq ans, mon père m'a inscrit au solfège, puis j'ai pris des cours de piano classique et ensuite de flûte traversière. Il voulait que mon frère, plus jeune de deux ans et demi, ou moi en jouions, mais je ne sais absolument pas pourquoi cet instrument avait ses faveurs. Toujours est-il qu'il nous a emmenés chez un prof, pour faire un genre de test d'aptitude. L'instructeur nous demande chacun notre tour de souffler dans la flûte, pour « en sortir un son ». De la bouche de Fred, rien ne jaillit, le malin... Moi, comme un idiot, je joue le jeu. « Je prends celui-là ! » dit le maître en me pointant du doigt.

J'apprends donc la flûte traversière parce que mon père l'a décidé. Parce que lui n'a jamais bravé son père, et que moi, élevé au même grain, j'obéis.

Autre exemple confirmant que l'autorité paternelle n'est pas discutable durant mon enfance, et précisément au chapitre musique : je jouais au rugby quand j'étais adolescent, le samedi, avec des copains de mon quartier. Un jour, je réceptionne mal le ballon, mon doigt se retourne. Diagnostic : une jolie petite fracture. Je rentre à la maison avec une poupée en guise d'annulaire, et croise l'œil pour le moins contrarié de papa. « Il faut que tu arrêtes le rugby », me lâche-t-il. Fin de partie.

Je n'ai jamais osé lui dire qu'au lieu de faire de la flûte, j'aurais bien aimé qu'il m'inscrive à des cours de batterie parce qu'il n'avait qu'une idée en tête : faire de moi un musicien classique, schéma tout aussi classique d'un père qui projette son rêve sur son fils. Aspiration qu'il a lui-même bafouée pour subvenir aux besoins des siens puisque, comme son frère d'ailleurs, alors qu'il était promis à un avenir de concertiste, il avait dû troquer ses cours pour jouer en studio, et gagner de quoi nourrir sa famille.

Sauf que pour moi, faire de la musique classique revenait à reprendre la boucherie familiale et que ça, c'était non. Je veux exister par moi-même et n'ai pas le moins du monde envie de suivre la partition familiale. Je n'en dis rien, mais n'en pense pas moins.

Moi, c'est donc la batterie qui me tente. J'ai maintenant quinze ans et décide envers et contre mon père d'en jouer. Je n'ai pas dans l'idée d'en faire un hobby mais bien un métier. Du coup, je pratique en cachette. J'économise longtemps l'argent de poche que mes parents me donnent et les quelques pièces que je gagne en faisant des petits boulots, et je m'achète mes toms, mes cymbales et mes baguettes.

Je me revois passer devant ce magasin, La Baguetterie, pendant des mois, juste à côté de chez moi, rue Victor-Massé dans le 9e, chaque fois que je le peux, à la sortie de l'école, le week-end, durant les vacances scolaires. Et puis pousser enfin la porte un jour, les poches lourdes de monnaie, m'avancer vers le vendeur et lui annoncer, comme si j'étais un des grands gagnants de la loterie, que je veux celle-là, oui celle qui est là-bas !

Je me souviens parfaitement de la discussion avec l'employé de la boutique, du ton que j'adopte, un peu exagéré, pour échanger avec lui comme entre pros, sur la puissance des différentes batteries. Je me rappelle surtout le moment où il me demande si j'ai envie de l'essayer. Il n'a pas fini sa phrase que je suis déjà en place, assis sur le tabouret derrière la caisse claire, les deux pieds calés sur les pédales, prêt à tout faire exploser, ce que le gars doit pressentir parce qu'il se recule.

Je suis bien content qu'il me laisse quelques minutes. À peine a-t-il tourné les talons que je commence à taper comme un damné, à jeter ma tête en avant et en arrière, à sourire à un public imaginaire, à éponger avec ma manche un front que je veux ruisselant de sueur, comme tout percussionniste digne de ce nom, à faire tournoyer une de mes baguettes. Je suis le batteur de Led Zeppelin, celui d'AC/DC ou Keith Moon, le mythe des Who défonçant sa grosse caisse. Je suis surtout heureux. Je salue naturellement mon public fictif avant de quitter la scène, et je vais payer.

J'installe ma batterie dans la cave de mon copain Kamel Ech-Cheikh, et nous montons un groupe, auquel nous ne donnons pas de nom, avec Fabrice Benoît et un autre garçon, Gérard Georges. J'adore nos réunions occultes, les délires qu'on peut se faire tous les quatre… Ne croyez pas qu'on prenne nos sessions à la rigolade. On est sérieux quand on répète, persuadés, même si on ne se le dit pas, qu'on percera, ce qui sera le cas pour Fabrice, puisqu'il deviendra ensuite, non pas musicien mais directeur d'EMI Music en France, puis en Espagne, directeur d'Universal, de Barclay… Quant à Kamel, il sera dans quelques années consacré en signant de nombreuses compositions musicales, en majorité pour le cinéma. Sans son décès prématuré, il serait devenu l'un des compositeurs qui comptent aujourd'hui.

Moi, je ferai taire toms et cymbales quand j'entrerai chez Canal, mais, étonnamment, sans regrets. Je parlerais de destin, d'un boulot qui finalement, alors que jamais je ne l'aurais cru, me donne plus de plaisir que de jouer de la batterie. Y penser aujourd'hui me fait dire que j'ai finalement été bien inspiré de choisir la télé – rectification : que la télé *me* choisisse au lieu de la musique. La sclérose en plaques s'attaquera bientôt à mes jambes, puis à mes doigts, et à quarante ans, cela m'aurait empêché de jouer.

Mon père savait que je jouais de la batterie en plus de la flûte traversière. C'est mon oncle qui me l'a dit lors de ses funérailles. J'ai été surpris que papa ne m'en ait jamais parlé, mais plus encore de ce que son frère allait me révéler. «Tu sais, ton père t'a entendu jouer et il trouvait que tu jouais très bien», m'a-t-il dit. Il ne l'avait jamais formulé, avare de mots, comme toujours, ou peut-être désappointé que je ne me sois pas livré sur le sujet… Comment savoir?

Ça me rappelle une histoire similaire, du moins concernant ses réactions. Un jour, il me surprend en train de fumer une cigarette, me dévisage puis s'en va. La semaine qui suit, il ne m'adresse ni mots ni regard. Je finis par aller le voir, et lui demande gentiment de justifier son indifférence. «Tu m'as beaucoup déçu.» Je reste encore pétrifié par cette phrase aujourd'hui.

L'ai-je aussi déçu quand j'ai arrêté la flûte à dix-sept ans, piétinant son rêve de me voir devenir musicien classique? C'est sûr. Son fils ferme le commerce que la famille tenait depuis quatre générations, au bas mot, mais en même temps, j'aurai maintenant beaucoup plus de temps pour les aider lui et maman au restaurant, ce qui apaise sans doute un peu sa peine, voire le réjouit carrément. Je les aide déjà depuis que j'ai treize ans, sans que personne ne me le demande d'ailleurs, mais à partir de maintenant, lui et moi savons que je le ferai plus souvent.

Le Verdier, ainsi s'appelle le bistrot que mes parents acquièrent quand j'ai six ans. De là, notre vie change du tout au tout. Jusque-là, c'est ma mère qui s'occupe de mon petit frère et de moi, tant et si bien qu'elle préfère me garder auprès d'elle plutôt que de m'envoyer à la maternelle mais elle va à partir de là travailler au bar, sans savoir encore que cela lui ravira son temps en intégralité, sans savoir qu'elle ne nous verra plus, ni mon frère ni moi. De fait, Fred et moi nous élevons nous-mêmes, la plupart du temps devant la télé.

Parce que papa, musicien itinérant, n'est pas non plus très présent – et c'est un euphémisme. Au moment où mes parents achètent le restaurant, il ne quitte pas son emploi de chef d'orchestre, continue à jouer et faire danser, mais entre chaque tournée ou bal, il rejoint maman pour lui prêter main-forte – et l'image n'est pas exagérée. L'établissement accueille sans discontinuer, là non plus je n'en rajoute pas, puisqu'il est portes ouvertes vingt-quatre heures sur vingt-quatre, du moins les premières années. Mes parents, pendant cette période, se relaient. L'un fait le service de jour, l'autre celui de nuit. Pendant que maman dort, papa assure l'office et vice et versa. Jamais plus nous ne les verrons en même temps à la maison.

Jamais plus nous ne les verrons tout court en fait, du moins réveillés. Ils sont tellement fatigués, que même le matin de Noël, nous avons interdiction, Fred et moi, de faire du bruit. C'est le seul jour de l'année où le restaurant ferme, et donc le seul où ils font la grasse matinée.

Le Verdier est un petit restaurant sans prétention, un troquet de quartier au 43, rue Notre-Dame-de-Lorette dans le 9e arrondissement de Paris. Il s'appelle comme ça parce que c'était déjà son nom avant que mes parents en deviennent propriétaires, et que ce n'était pas leur genre de s'appesantir sur des questions marketing.

La preuve en est donnée une décennie plus tard. L'heure sonne de changer l'enseigne de l'établissement. À l'époque, un de leur fournisseur de boissons leur propose, comme cela se fait souvent, de leur offrir la nouvelle pancarte, avec bien entendu le logo de son alcool, à côté du nom du restaurant. Le jour où mes parents la reçoivent, ils voient qu'il est inscrit *EE* Verdier au lieu de Le Verdier. Ils s'en accommoderont : marketing, quand tu nous tiens !

S'il est utile de donner confirmation de leur intérêt sur les questions de ce genre, il suffit sinon d'entrer dans le restaurant et de voir son agencement, pour le moins sommaire. Mes parents ne font pas de travaux quand ils prennent le bistrot, gardent tout en place et en intégralité, ne rafraîchissent pas la peinture, donnent juste un petit coup de propre, à l'éponge.

Comme ils sont donc tous les deux passionnés de déco, la présentation est disons… minimaliste : verres ballon premier prix, couverts en inox, nappes et serviettes en papier, et roule ma poule !

Les vingt tables qui mangent l'espace de vingt mètres carrés, tout en longueur, sont en formica, comme les chaises qui les entourent. Ma mère aurait sans doute aimé que tout soit neuf, rutilant, ou du moins bien différent, elle qui était si coquette, mais le restaurant tournait en continu, ces questions-là ne pouvaient qu'être reléguées à plus tard, à jamais même…

Il y a évidemment un bar, à droite quand on entre dans le restaurant, qui mange l'un des murs de la pièce en entier avec son zinc abîmé que tant de bouteilles, verres et cendriers l'aient cogné. Derrière le comptoir, il y a invariablement maman, toujours les manches retroussées, un torchon à la main, un autre à la taille, les doigts humides, les jointures gercées, pirouettant au milieu des vapeurs de la machine à café et des clients éternellement pressés. Ma mère, bien qu'aidée d'une serveuse et d'un chef – qu'on appelait Tonton –, cavale de la cuisine à la salle, marche tellement vite qu'on la croirait sur des patins à glace, sert à folle allure aussi, car les clients de notre troquet arrivent tous en même temps le midi et souvent le soir.

Au sous-sol, il y a une autre salle, moins décorée encore, peu éclairée et équipée de quelques tables éparses. C'est fait exprès cette fois, parce que mes parents projettent, en acquérant le restaurant, de faire de cette pièce un bar de nuit, une salle de spectacle, de bal, ou du moins d'y donner des concerts.

La clientèle du restaurant est un melting-pot. Il y a des gens modestes, des ouvriers, des travailleurs manuels. À côté d'eux, il y a ceux qu'on appelle les habitués, les habitants du quartier, ceux qui veulent venir faire la causette, ou simplement prendre leur «p'tit ballon de rouge tranquilles», juste avant ou juste après le «coup de feu», comme on dit dans la restauration.

Dans l'après-midi, il y a des prostituées et des macs qui viennent boire un café.

J'adore les regarder, je trouve ces messieurs classieux parce qu'ils portent des pulls en cachemire à même la peau. La chaussure est aussi cirée que la crinière, plaquée en arrière, et le visage soigneusement rasé. Et puis ce qui me fait envie c'est qu'ils arrivent au restaurant à quinze heures, visiblement à peine sortis du lit, bien trop impeccables pour avoir travaillé avant. Ils sont toujours avec de très jolies filles, et en plus, ils ont des billets qui dépassent des poches. Moi quand je les vois, je me dis que je troquerais bien mon jean pourri et mes baskets usées pour ces vêtements-là, quitte à épouser leur vie en entier, sans comprendre leur spécialité.

Je me souviens avoir, un jour d'audace, osé en parler à papa. Je suis passé derrière le bar, et je lui ai dit : «Je veux faire ça comme métier !» Il m'a envoyé une énorme baffe. Pendant que je me relevais, il a hurlé que moi, j'allais travailler ! Je ne me suis plus hasardé à reparler de ça avec lui, ni avec qui que ce soit d'ailleurs. Je me suis contenté de garder la monnaie qui restait quand les proxénètes m'envoyaient leur acheter un ou deux paquets de cigarettes. Je le faisais parce qu'ils m'y autorisaient bien sûr, et ça, mes parents le toléraient.

C'étaient les seules fois où je tenais un billet de cinquante francs dans mes mains et que j'en gardais trente pour moi – une fortune pour le gamin que j'étais. Pour mes parents aussi sans doute, même s'ils ne faisaient pas état de nos problèmes d'argent.

Il n'est pas question pour moi de verser dans le misérabilisme, parce que je n'ai jamais eu l'impression, enfant, de vivre dans le manque. Je ne me demandais pas pourquoi nous habitions un trente-cinq mètres carrés à quatre, pourquoi je partageais ma chambre de Playmobil avec mon frère ou pour quelle raison nous n'avions pas de cuisine. Mon père l'avait transformée en micro-chambre pour lui et ma mère ; mais j'insiste, j'étais heureux. C'est aujourd'hui, avec un demi-siècle de recul, que je comprends que nous vivions dans la privation. Pas de nourriture, parce que nous mangions tous les jours, restaurant oblige ! Mais on ne mangeait en revanche pas forcément ce que nous voulions. Au menu du soir, on avait forcément les plats qui étaient à la carte du déjeuner du jour au Verdier, mais qui n'avaient pas été commandés. Je n'en faisais pas un drame, mais c'est vrai que de temps en temps, je me morfondais à l'idée de manger la même chose trois jours d'affilée.

Pas un désastre non plus, de vivre à l'entresol. On s'en moque que le plafond soit bas, ça nous amuse même avec mon frère. On joue à le toucher en tendant à peine les bras, sans monter sur une chaise. Pas à cinq ans mais à treize, puisqu'on mesure un mètre soixante-dix et que le plafond doit être à un mètre quatre-vingt-dix, peut-être deux mètres. Je sais que je me répète mais je trouve important de dire que jamais je n'ai eu l'impression de vivre dans le dénuement.

Au contraire, je garde de mon enfance le sentiment, la certitude même, d'avoir eu plus de chance que beaucoup d'autres, de n'avoir manqué de rien de vital. Mais c'est vrai que plus tard, quand je deviendrai indépendant, je ne prendrai que des appartements étonnamment grands, et surtout extrêmement hauts de plafond.

À Notre-Dame-de-Lorette, maman ne voulait pas qu'on invite des amis à la maison parce qu'elle trouvait que chez nous, ce n'était pas bien. L'enfant que j'étais ne comprenait pas de quoi elle parlait, mais le jeune adulte de dix-sept ans qui vit encore entre ces murs sait qu'elle a raison et fera de cela le moteur de son existence. Parce qu'à cet âge, à quelques mois de la majorité, mais surtout de ma prise d'indépendance, ma seule obsession est de quitter mon milieu.

J'en ai maintenant assez de demander à partir en colonie de vacances et que ça me soit refusé parce que c'est trop cher. Marre d'avoir la même réponse quand je demande à prendre des cours d'escrime, ras le bol d'entendre non pour un jean neuf ou une nouvelle paire de baskets. Mes parents me répondaient que tant que mes vêtements ou chaussures tenaient la route, il n'y avait aucune raison d'en racheter mais l'adolescent que je suis alors l'entend d'une tout autre oreille.

Aujourd'hui, je sais qu'ils avaient raison, que c'est ainsi que l'on transmet la valeur de l'argent à ses enfants. Je comprends qu'ils savaient où se trouvait l'essentiel : ailleurs que dans la possession matérielle, uniquement dans le savoir.

Dès que nous avons su lire, Fred et moi, mes parents nous ont ouvert un compte dans la librairie de notre quartier. Là, nous avions droit à tout, absolument tout, sans la moindre restriction. J'ai commencé par m'acheter *Pif Gadget*, puis toutes sortes de magazines. Je n'ai jamais été surveillé, je n'ai jamais eu à dire ni ce que je m'achetais ni combien je dépensais. Je ne regardais d'ailleurs pas le prix de ce que j'acquérais, et ne prêtais pas plus attention à la quantité de journaux que je demandais au libraire chaque semaine : je savais que j'avais table ouverte.

Je connais aujourd'hui la valeur de ce cadeau, je la sais inestimable.

Je m'attarde encore un peu sur ce fait, capital à mes yeux. Le choix que mes parents font de donner une place centrale à notre instruction est le fondement de ce que je deviendrai plus tard, car la lecture m'a permis de développer mon imaginaire et de croire que tout était possible puisque dans les livres, tout l'est…

C'est sans doute pour cette raison que ma mère lisait tant, pour échapper à un quotidien pesant fait de travail acharné et de solitude, finalement. Mon père était là, bien sûr, il l'aidait autant qu'il le pouvait au restaurant, mais l'honnêteté exige de dire qu'il préférait être ailleurs, à faire de la musique avec son orchestre, et qu'il voyageait très souvent. Il a cessé son métier à quatre-vingt-trois ans et ce n'est pas son grand âge qui a dicté ce choix, simplement le fait qu'il ne pouvait plus porter son instrument. Jusque-là, il écumait les bals, les soirées privées et autres festivités parce que c'est là qu'il respirait le mieux, loin d'elle. Il l'aimait, elle aussi l'aimait, mais je ne peux affirmer qu'ils se connaissaient. Quand ils étaient ensemble, ma mère se plongeait dans des mots croisés. Elle ne relevait la tête qu'une fois sa grille achevée, et cherchait déjà dans quoi se replonger :

dans les livres qu'on lui donnait ou que parfois elle achetait.

Car si nous avions, mon frère et moi, le droit de nous payer tout ce dont on avait envie dans la librairie, elle dépensait le moins possible pour son propre plaisir. Elle acceptait en revanche tous les ouvrages qu'on lui offrait.

Jamais elle ne faisait la fine bouche devant un livre, ne le feuilletait pour en découvrir quelques phrases, ne le retournait pour en lire le résumé ou même ne demandait de quoi il parlait. Le simple fait de pouvoir bouquiner la rendait heureuse. Elle lisait d'ailleurs compulsivement, et de tout.

C'est elle qui me donne le goût de la lecture. Elle ne me raconte pas les histoires que ses livres renferment, elle ne m'éveille pas non plus aux auteurs, ni à la plume ni au siècle auquel appartient le texte. Elle n'en a nul besoin, le simple fait de la voir s'évader, à travers un sourire, un froncement de sourcils ou une expression sur sa bouche, qui parfois s'entrouvre et reste ainsi sur plusieurs pages qu'elle tourne frénétiquement, me fait aimer la littérature. Je sens bien que là il se passe quelque chose.

Voilà comment, un jour d'été, je quitte mes romans de jeune garçon pour la grande prose. Nous sommes dans la maison de campagne que mes parents ont achetée, près de Troie, la seule acquisition qu'ils feront jamais et là où nous passerons toutes nos grandes vacances, de mes treize à mes dix-sept ans. Papa n'est que très rarement là, il tourne le plus souvent avec ses musiciens, alors la plupart du temps il n'y a que maman, Fred et moi. Et mon grand frère Alain, parfois. C'est l'aîné des deux fils, avec Jacky, que ma mère a eu d'un premier mariage.

Une année, Alain est justement en vacances avec nous et reçoit la visite d'un de ses amis. En partant, il laisse un ouvrage, comme on le fait souvent dans les maisons de campagne. On y dépose un petit peu de ci, un petit peu de ça, un châle, un jeu de société, des livres. Je m'en saisis dès que la porte se referme sur lui.

Bonne fortune, que dis-je, excellente fortune, il s'agit de *L'Étranger* d'Albert Camus. Je me sens immédiatement chez moi en lisant les premières pages. Je ne vais pas mentir, je ne comprends évidemment que ce que mon cerveau d'adolescent de seize ans peut concevoir, car je suis loin d'imaginer la portée philosophique de ces pages. Je le lis au contraire comme s'il s'agissait d'un thriller. Mais cela n'a en réalité aucune importance. La seule qui vaille est la passion que la littérature suscite en moi.

Avant ces pages, je lisais chaque été pour échapper à l'ennui. J'avais été Julien Sorel le temps de lire *Le Rouge et le Noir* de Stendhal, ou cet autre jeune héros de *L'Éducation sentimentale*. J'avais donc découvert Gustave Flaubert et Agatha Christie, adoré ses décors feutrés et ses intrigues. J'avais autant aimé Conan Doyle, et évidemment rêvé d'enfiler les vêtements de Watson, la répartie de Sherlock Holmes. Mais pour parler de l'œuvre d'Albert Camus, je manquerais de mots. Il m'est impossible de décrire l'émotion qui me parcourait alors. Parler d'apaisement, de sérénité serait en dessous de la vérité. Le terme béatitude serait sans doute le plus juste, bien qu'encore un peu pâle. Ou peut-être juste livrer que j'ai lu *L'Étranger* au milieu des cris sans jamais pourtant perdre le fil de l'histoire tant j'étais transporté.

Je ne parle pas là de cris de colère ou de disputes, mais de ceux dans lesquels j'ai baigné dès la naissance. Mon père comme ma mère ne savaient pas parler posément. Tout chez nous s'est toujours articulé très fort, et je crois avoir malheureusement hérité du chromosome hurleur, sauf au moment où je dévore ce livre-là. Le jour assis dans le jardin à même le sol, la nuit dans ma chambre, il est partout l'extension de mon bras jusqu'à la dernière page.

Je décide, suite à cette lecture, de devenir écrivain. Au moment où je formule ce souhait, je me dis que c'est peut-être un peu ambitieux, alors sinon journaliste, ou autre chose, mais en tout cas ouvrier des mots. Je n'en dis rien à mes parents, persuadé, sans doute à tort, qu'ils ne comprendraient pas cette envie. Ce genre de discussions, ce n'est en plus pas le genre de la maison.

Mais avec elle je peux parler. Elle, c'est l'amie de maman, elle vient tous les jours boire un café au Verdier et elle est toujours pleine d'attentions à mon égard. Elle m'a demandé il y a quelque temps ce que je voulais pour mon anniversaire. Je lui ai dit que j'adorais l'album *Songs in the Key of Life*, de Stevie Wonder, et elle me l'a offert. Mon premier trente-trois tours… j'aime énormément cette dame. Alors quand elle m'interroge un après-midi sur le métier que je veux exercer plus tard, je n'ai aucune hésitation à lui confier que j'aimerais écrire, peut-être devenir journaliste ou… Elle me coupe, me dit : « Jamais de la vie tu ne feras ça ! »

Je reste interdit un moment, celui dont j'ai besoin pour canaliser ma colère et surtout pour n'en rien montrer car il n'est pas question pour moi à ce moment-là d'afficher une once de faiblesse, trait qui me personnalise aujourd'hui encore. Je lui réponds cependant qu'elle a tort, puis finalement et pour empêcher toute autre saillie, lui concède qu'elle a raison. Je me lève, la remercie et m'en vais.

Ce que je ressens ensuite ? De la rage, bien sûr, mais dans les minutes qui suivent, l'envie de lui donner tort.

J'ignore si c'est à cet instant, juste après ce stupide échange, que je décide d'atteindre mes objectifs, me sortir de cette vie, peut-être que ce sont d'autres événements qui déclenchent cette soif. À quel moment sait-on qu'on mettra toutes ses forces dans une bataille ? Encore une fois, je n'en sais rien du tout.

Peut-être est-ce, sinon, à l'occasion de cette autre épreuve que l'idée de m'en sortir est passée d'envisageable à indispensable.

J'ai dix ans, je prends comme chaque matin mon petit déjeuner à la maison, cale mon cartable sur mes épaules et sors pour faire les quelques mètres qui me séparent de l'école. Alors que je referme la porte de mon immeuble, j'entends des mouvements, comme un bruit sourd de vêtement chiffonné. Je tourne la tête en direction des sons, et aperçois mon père en train de se battre avec un autre homme. Le choc me fige, je suis bras ballants, incapable du moindre mouvement. Papa me voit, et moi ce que je lis dans ses yeux, c'est de la détresse. Il est malheureux que j'assiste à cette scène. Je le rejoins dans ce chagrin. Il stoppe la bagarre sur-le-champ, me dit, la note mal assurée et la main en sang : « On s'amuse. » Mon cœur se serre autant que son poing, mais je reprends mon chemin. Je ne penserai forcément qu'à cela toute la journée.

Il a sans doute participé à d'autres échauffourées, ou peut-être en a couvert certaines sans être partie prenante. Je n'ai aucune preuve de ce que j'affirme, mais celle, en revanche, que notre restaurant a tiré le rideau, si. On appelle cela une « fermeture administrative », c'est ce que papa a dit sans donner plus de détails. J'ai compris plus tard que notre établissement faisait l'objet d'une enquête judiciaire. Le Verdier a fermé un an, et papa a disparu de nos écrans radars. On ne le voyait déjà pas beaucoup en temps normal, mais durant cette année, il travaillait quasiment jour et nuit, jours fériés et week-ends compris, comme musicien.

On pourrait croire que ma mère s'en serait écroulée, mais bizarrement, pas du tout. Cela ouvre une magnifique page pour elle. Mon frère a douze ans et moi quatorze, elle n'a donc plus besoin de s'occuper de nous en continu. Les années 1970 sont fastes, et personne à l'époque n'a de problème pour trouver un emploi. En plus, maman connaît du monde puisqu'elle tient le café du quartier. On lui propose rapidement un poste de vendeuse dans la boutique du Petit Palais. Elle accepte immédiatement et embauche dès le lendemain.

Elle ne dit jamais rien de son travail mais je vois bien qu'elle l'aime. Elle se fait belle chaque matin, met du rouge sur ses lèvres, vernit ses ongles, pulvérise un soupçon d'eau de Cologne dans son cou, sur ses poignets, et relève délicatement des deux mains ses cheveux près de sa nuque chaque fois qu'elle se regarde dans le miroir, comme font les dames qui sortent de chez le coiffeur avec des mises en plis. Elle n'est jamais plus belle que cette année-là. Ni plus douce. La parenthèse est enchantée, même si ces douze mois ne sont que cela, un aparté.

Ma mère a eu une vie très dure. Enfant juive pendant la Seconde Guerre mondiale, elle a porté l'étoile jaune et s'est cachée dans une campagne aux alentours de Troie. Elle s'est ensuite mariée et a eu ses deux premiers fils, Alain et Jacky, puis s'est séparée de leur père. Pour quelle raison? Quand? Je ne sais absolument pas. Je n'ai pas grandi avec mes demi-frères, mais je les voyais chaque jour quand même, car ils venaient voir maman au restaurant et nous accompagnaient parfois à la campagne. C'est avec Alain que j'ai le plus d'affinités, avec Patrick aussi. Je n'ai pas encore parlé de lui mais c'est mon autre demi-frère, issu du premier mariage de mon père. Il nous rendait régulièrement visite au restaurant.

Mes parents se sont rencontrés en Algérie. Ma mère devait danser dans un bar, ou autre, j'ai toujours pensé qu'elle avait été danseuse – j'ai dû trouver quelques photos d'elle jeune qui me font affirmer cela, et le fait qu'elle fut si jolie et que ses gestes soient délicats abonde en ce sens, mais je ne l'ai jamais interrogée sur ce point, sur nul autre non plus d'ailleurs. Ce que je sais, c'est que papa a quitté l'Algérie, est parti chercher de quoi vivre et s'installer en France, puis maman l'a rejoint, arrivée par bateau à Marseille. J'ai probablement été conçu à la descente du navire.

Je suis né le 2 septembre 1962 à Vichy, dans le département de l'Allier, car mon père était alors chef d'orchestre du casino de la ville. Nous avons dû y passer cinq jours, une semaine au plus, et en sommes partis pour Paris en Simca Aronde. Je cite la marque de notre voiture parce qu'elle était magnifique, et que ça fait tellement kitsch d'en parler aujourd'hui que ça m'amuse.

Je n'en sais pas beaucoup plus sur l'histoire de maman avant ma naissance. C'était une taiseuse et moi, je ne fais jamais violence à qui refuse de se confier, même s'il s'agit d'une femme essentielle, de la source même. Ce que je savais d'elle me suffisait à saisir qu'elle n'avait pas eu une vie facile, même après la guerre et l'exode. Et que c'est sans doute cela qui l'avait endurcie.

Elle n'était pas tactile, pas câline, loin de la mère juive telle qu'on se l'imagine. Petit, je recevais très peu d'affection maternelle et je ne crois pas qu'il y ait jamais eu de complicité entre nous, je ne me souviens d'aucune caresse, mais de disputes en revanche, beaucoup. Parfois parce que je me rebellais contre une autorité que je jugeais abusive, mais il arrivait qu'entre nous les choses explosent sans détonateur, juste parce qu'elle était agacée ou fatiguée. Dans ces cas-là, elle avait le mot dur, et moi forcément, je lui en voulais. Ma mère, d'aussi loin que je me souvienne, ne m'a jamais dit qu'elle m'aimait, mais je n'ai aucun doute sur cela. On est toujours au fait de ces choses-là. Je pourrais dire d'autres choses d'elle parce que j'en sais un peu plus que ce que je dis là, mais j'ai peu envie d'en parler. Ça blesserait mon petit frère. Il était lui, contrairement à moi, très proche de maman. Même Norman Bates aurait eu la trouille en voyant ces deux-là ! J'exagère, mais pas sur le fait qu'ils s'adoraient. Voilà pourquoi je n'ai pas envie de décrire par le menu les incompréhensions ou oppositions qu'il y avait entre elle et moi. Par amour pour lui.

Fred n'est pas seulement mon frère, c'est mon ami. On a eu une chance dingue lui et moi. Quand je commence à bosser chez Canal + et à toucher mes premiers salaires, je lui demande ce qu'il veut faire dans la vie. Il me répond qu'il aimerait être maquilleur, qu'il a repéré une école mais qu'elle est chère. Je lui dis : « Écoute, je peux la payer, donc si tu veux, tu peux la faire. »

Il en est sorti second, derrière le fils de la directrice, donc premier en réalité.

On a eu nos moments de gloire ensemble. Il a maquillé pour Les Nuls dans plein de sketchs, c'était génial de bosser avec lui. D'abord parce qu'on riait beaucoup et puis parce qu'il était déjà hyper talentueux. C'est simple, il m'aurait fallu un harpon pour le retenir tant il a vite été repéré. Il a décidé d'aller vers la mode et ça lui a porté bonheur puisqu'il a été directeur artistique de Lancôme pendant plus de dix ans.

J'ai plein de souvenirs de cette période.

Un jour à New York, dans un magasin super connu, je ne sais plus lequel mais un genre de Galeries Lafayette américain, je tombe sur un très beau stand de la marque pour laquelle Fred travaille. Et là, je vois une grande photo de lui qui dit : « L'artiste sera avec nous le... ». C'était très chic, j'étais super fier.

Lors d'un autre voyage, toujours à New York, je débarque au Royalton, l'hôtel mode du moment. À l'accueil, je me présente : « Hello, I'm mister Farrugia ». On me répond « Oh Monsieur Farrugia, on est tellement heureux de vous avoir avec nous, qu'on vous a surclassé, on vous a donné une très grande chambre ». Je suis très content, la réceptionniste appelle le directeur. Quand il arrive et me voit, il me dit, l'air ouvertement dépité : « oh mais vous n'êtes pas Fred Farrugia ! ». Je lui réponds que non, je suis son frère. Ils m'ont remis dans la chambre normale.

Autre truc marrant, à Hong Kong. J'y vais pour la sortie de *Vidocq*, film dont je suis le producteur.

Dans cette ville, il y a autant de panneaux publicitaires que d'habitants. Je lève la tête et je vois des pubs pour mon film et à côté, des pubs pour le maquillage Lancôme, dont Fred est alors le directeur artistique. On avait trusté la mégalopole à nous deux, les deux Farrugia avaient Hong Kong ! Je trouvais ça dingue.

Je reviens à maman, une minute, pour ajouter que nos caractères étaient aussi opposés que nos physiques. Je ne lui ressemble pas, si on omet nos corpulences, jumelles, en rondeur. Elle a la chevelure mince et souple, un nez fin qui finit en jolie petite trompette, des pommettes hautes comme ciselées à la lame, et un sourire toujours teinté de tristesse. Elle se tient en retrait, réservée, secrète sur tous les clichés que j'ai d'elle. Comme dans toutes les images qui sont gravées dans ma tête.

Moi, c'était de papa dont j'étais le plus proche. D'abord physiquement, parce que je lui ressemble énormément. J'ai sa bonhomie, sa carnation mate, basanée, et son sourire franc, toutes canines dehors. Je suis, si on oublie mes yeux bleus, comme lui, latin jusqu'au bout des ongles. J'ai déjà parlé du fait qu'il ignorait le sens du mot chuchotement, mais je me permets ici d'entrer un peu plus dans les détails parce que, lorsque je pense à lui, c'est cette image qui me revient en premier : chaque fois qu'il m'emmenait quelque part, ou que moi je l'accompagnais enfant, il croisait un ami. Le plus souvent, il l'apercevait sur le trottoir d'en face. Plutôt que de traverser pour aller faire la causette, il hurlait ce qu'il avait à lui dire. Ça commençait invariablement par le bonjour rituel, mais même quand il lui demandait si sa femme souffrait encore d'hémorroïdes, il ne s'approchait pas. Je n'avais pas honte, j'étais mortifié, suspendu au bout de son bras, le suppliant d'arrêter de crier, ce qu'il n'entendait jamais tant il parlait fort…

De mon enfance je garde ces tranches de vie; ajoutons-y maintenant le décor. La rue que j'habitais était très proche de Pigalle. Aujourd'hui c'est un quartier branché, à la mode, mais au moment où j'y vis, il y a de cela quarante ans maintenant, l'ambiance est lourde. C'est même l'un des quartiers les plus dangereux de la capitale. C'est d'ailleurs là qu'est né Henri Désiré Landru, le tueur en série. Ça se castagnait pas mal dans le secteur et je ne faisais pas exception à la règle. Je me suis beaucoup battu au collège, pas parce que j'étais querelleur, mais parce que mon établissement n'était pas exactement le mieux fréquenté du coin. Pas non plus un coupe-gorge, mais un endroit où il ne valait mieux pas traîner une fois que la cloche avait sonné.

Ce n'est cependant pas à cet établissement qu'on doit imputer mes échecs scolaires. Déjà, il faut savoir que j'arrive au CP en septembre 1968, à six ans donc, sans avoir jamais fréquenté d'école auparavant. Ma mère, je l'ai déjà dit, décide de ne pas m'envoyer en maternelle, mais de me garder auprès d'elle. Mon entrée en primaire peut donc être comparée à un saut dans le grand bain sans passage par le petit bain, ni même le pédiluve.

Premier jour d'école, on nous dit, j'imagine comme dans tout établissement, de nous mettre en rang par deux et là, je ne sais même pas de quoi on parle. La discipline scolaire m'est totalement étrangère, je ne fais donc pas figure de bon élève. Ajoutez à cela la difficulté d'écrire à la plume. Pas au début de l'année puisqu'on utilise d'abord des crayons à papier, mais très vite, trop pour moi sans doute, puisque j'ai bien du mal, en ramenant ma plume de l'encrier au papier, à ne pas éclabousser mon uniforme – encore obligatoire à mon époque – voire mes voisins de pupitre. Résultat, le début d'année s'avère compliqué. Ajoutez à cela que je quitte l'école pour un séjour de deux mois à l'hôpital car j'ai attrapé la méningite que mon frère a d'abord contractée et qu'il a eu la générosité de partager. Tout cela fait qu'en juin de la même année, sans surprise, on me propose de redoubler mon CP. Quand je dis qu'on me propose, c'est carrément faux : on me l'impose.

À ce redoublement, il faut en ajouter un autre, mais pour des raisons bien différentes. Je suis en CE2 et allez savoir pourquoi, ma maîtresse me déteste. Le simple fait d'en parler ravive la douleur que je ressentais quand elle me pinçait l'oreille jusqu'à la faire saigner.

Je résume donc ma situation scolaire : à l'âge de huit ans, j'ai déjà redoublé deux fois. Je suis donc, pour l'Éducation Nationale, en échec scolaire et bien entendu, à l'époque, on ne cherche pas plus loin et l'on m'envoie sur une voie de garage.

Me voilà en 6e aménagée, dans un nouvel établissement. Derrière le mot aménagement se cachent des cours le matin, et l'après-midi, atelier. Et quand je dis atelier, je ne parle ni de poterie ni de coloriage mais bien d'atelier, d'établi, si vous préférez, avec leçons sur comment planter un clou, couper de la ferraille ou réparer de la fonte, entre autres. On passe d'une discipline à une autre pour savoir ce en quoi on est bon et moi, mon talent manuel ne saute aux yeux de personne, aux miens encore moins. Je suis à ce moment de ma vie en déprime, non, en sidération serait le terme le plus adéquat. Sidéré par la teneur de l'instruction d'un côté, par l'idée que je me prépare à devenir plombier, serrurier ou carrossier, mais surtout, et loin devant, par mon entourage scolaire.

Je me souviens d'un garçon de ma classe qui s'était sectionné un doigt, à la scie dans mon souvenir. La phalange tombée au sol, les autres garçons de la classe ont shooté dedans et commencé à jouer au foot avec. J'ai trouvé cela charmant. Comme les fois, multiples, où mes camarades s'amusaient à écraser les mains de leurs voisins d'établi ou mettre de la limaille de fer dans les tee-shirts des uns et des autres. J'avais le sentiment d'être chez les dingues, pour être parfaitement clair.

Et je ne parle pas des cours matinaux, parce que là, c'était plutôt un sentiment d'immense solitude qui me traversait, et, c'est vrai, celui d'être un génie quand on avait autodictée. J'ignore si les enfants d'aujourd'hui connaissent cela alors je m'explique : la maîtresse écrit une phrase sur le tableau, donne quelques secondes aux élèves pour l'assimiler, la cache, puis on doit la recopier. Normalement, c'est un exercice que l'on pratique en CE1 mais quand on a la chance d'être répertorié «nullité», «incapable», «imbécile» ou je ne sais comment nos enseignants nous nommaient en salle des profs, on ne commence à pratiquer qu'en classe de 6e. Bref, mes condisciples n'y arrivent pas, mais moi si : alléluia !

Une professeure me repère et fait un «diagnostic d'erreur médicale», pourrait-on dire. En clair, elle se rend compte que je ne suis pas si bête qu'annoncé. Sans doute dans le but de vérifier qu'elle a bon, elle me demande de faire une rédaction. Suite à sa lecture, elle convoque mes parents, leur explique que j'ai les capacités de réintégrer un cursus scolaire classique. Et me sauve la vie, rien que ça. D'abord parce que j'ai enfin à cet instant l'impression d'être compris, et puis je m'en sens tout à fait capable. Sans elle, je serais plus sûrement en train de hurler « cinq euros les dix torchons ! » que d'écrire ce livre. Je ne sais pas ce qu'elle est devenue, mais si elle me lit, je la remercie infiniment pour ce qu'elle a fait pour moi.

Je ne dis pas que le changement de parcours se fait simplement. Incorporer une classe de 6e ordinaire qui a commencé trois mois plus tôt réclame de rattraper l'enseignement dans son intégralité, sinon au bout de la route se profile un véritable échec scolaire. Comme l'institutrice propose la bascule juste avant les vacances de Noël, elle m'annonce que je vais devoir bosser jour et nuit, que ce ne sera pas simple, mais qu'elle est certaine que je peux y arriver.

Et c'est exactement ce qu'il se passe. Je travaille durant ces vacances-là avec un acharnement que je ne me connaissais pas et rattrape en trois semaines ce que mes camarades ont ingurgité en douze. Ensuite, ce ne sera que de l'éclate ! J'adore étudier en fait, et j'ai la chance considérable de n'avoir, dorénavant, à quelques exceptions près, que des profs extraordinaires. Je me souviens notamment d'une enseignante d'histoire-géo, totalement transportée par ce qu'elle nous inculque. La passion qu'elle instille en moi, pendant mon année de 5e, restera à vie. Je ne compte aujourd'hui plus les ouvrages historiques que j'ai acquis et les documentaires télévisés que j'ai dévorés.

J'ai eu une prof de français aussi, incroyable, non seulement pour la teneur de ses cours, mais surtout parce qu'elle donnait tout son sens au mot liberté. On est à la fin des années 1970, la mode est au baba cool et elle en est le parfait exemple sur le plan vestimentaire, mais pas seulement. Elle nous montre régulièrement des photos de l'époque, et nous incite à nous exprimer sur leur sens artistique. C'était génial, ces parenthèses d'expression sans filtre. J'ajoute qu'elle n'impose jamais de thème aux rédactions écrites qu'elle nous demande de rendre. Son credo : couchez sur papier tout ce qui vous passe par la tête ! Et moi, je suis aux anges. Bon, c'est vrai que j'accumule les très bonnes notes dans cette matière, et puis un peu plus encore ce jour où elle lit un de mes travaux à la classe entière. J'avais décidé, cette fois-là, de raconter un match de foot comme si on était à la télévision et qu'on entendait les commentaires du journaliste. Je me souviens d'elle énonçant mon texte et des autres élèves riant. Je me souviens plus particulièrement m'être dit à cet instant que laisser place à mon imaginaire payait. Je ne savais pas encore que j'en ferais mon métier.

Je finirai par une autre institutrice, chargée de nous enseigner l'anglais. Marrante comme tout, cette dame. Elle parlait d'abord très mal la langue qu'elle enseignait, mais elle avait, en plus, un accent à la limite du comique. Au lieu de prononcer *shone* pour Sean, elle disait toujours *sine*. Mais je l'aimais beaucoup, je la trouvais barrée. Un jour, elle nous avait raconté qu'elle avait aidé des aviateurs à s'échapper pendant la Seconde Guerre mondiale. Et ça, ça la rendait captivante à mes yeux.

J'ai de très bons bulletins de notes depuis que j'ai réintégré un cursus scolaire classique, mais arrivé en seconde, je n'ai plus envie d'aller au-delà. Les études me lassent et puis j'ai choisi une filière A, c'est-à-dire littéraire, dans laquelle je ne me vois finalement pas évoluer. Impossible de me projeter dans un métier qui m'intéresserait avec un bac A. J'ai étudié trois langues vivantes, l'anglais, que j'aime beaucoup et qui me sert encore aujourd'hui, et en plus l'allemand et le russe. Pour vous donner une idée de ma passion pour ces apprentissages, après sept ans d'allemand, je ne me souviens que d'une phrase : *Mama, ich höre das Auto, nein ich höre den Bus !* Comprenez : Maman, j'entends la voiture, non j'entends le bus ! C'est l'équivalent de ce qu'on a tous appris au premier cours d'anglais sur Brian, qui est dans la cuisine, le pauvre, depuis un bon millier d'années maintenant.

De mes cours de russe, il me reste une bribe, ces mots : Oh Mischa, qu'est-ce qu'il joue bien de la guitare ! Et : Je sais ce que fait Mischa ! Phrases qui sont d'une aide ô combien précieuse quand on est perdu à Moscou. Bref, tout ça pour dire qu'en classe de seconde, je décide de mettre fin à mes études.

J'en avise mon père, qui affiche une mine défaite, me dit que dans ce cas, il va falloir que je cherche du travail. Je reçois quelques jours plus tard une lettre de lui, la seule qu'il m'ait jamais écrite, dans laquelle il me dit sa déception et sa tristesse de me voir arrêter l'école parce qu'il pensait que je serais le seul de la famille à pouvoir faire des études, qu'il avait toujours pensé que je deviendrais quelqu'un.

Ses mots me touchent, mais je n'ai aucune envie de continuer ma scolarité, je campe donc sur mes positions. On est en 1980.

2

Je cours

J'ai bien entendu mon père me dire qu'il fallait que je me trouve un emploi, mais je n'aspire qu'à lézarder. Je n'en dis rien, je fais même semblant de chercher en balançant à quelques copains que je suis en quête de travail, mais sans aucune conviction.

Malheureusement, une jeune fille qui vit dans le quartier et que je croise de temps à autre me prend au mot. Justement, ça tombe bien, son père cherche des coursiers ! Elle m'explique qu'il travaille pour la Réunion aérienne, une entreprise qui assure des avions de ligne.

Je me dis que ce sera finalement pas mal, un job de coursier, toute la journée casqué sur une mobylette, ou du moins qu'il y a pire. Je me présente, je suis pris sur-le-champ, ce travail ne demandant pas de compétences particulières. Sauf que je découvre que c'est un travail de coursier à pied ! D'abord je ne savais pas que ça existait, coursier à pied, et en plus je dois m'affubler, pour distribuer mes plis, d'une cravate et d'une veste. On me spécifie que j'aurai une prime de chaussures de trente francs tous les trois mois, parce que je ne suis pas autorisé à prendre un deux-roues.

Je travaille pour la Réunion aérienne pendant trois ou quatre mois, jusqu'à ce qu'on me propose un CDI à la reprogravure. Traduction : un contrat à durée indéterminée à faire des photocopies. Je décline et démissionne, sans autre opportunité en vue, mais sûr, archi sûr que j'ai autant envie de travailler à heures fixes dans un bureau que de devenir danseuse au Bolchoï. Je me retrouve donc sans emploi, et enchaîne maintenant les petits boulots. Je distribue des prospectus, je fais le ménage pour une entreprise le matin très tôt, et j'y ajoute un poste de concierge de nuit dans un hôtel.

Alexandre Pesle et moi habitions dans la même rue quand on était petits. Beaucoup le connaissent pour son rôle dans *Caméra café* mais il a fait plein d'autres choses avant et depuis. Il habitait au 40, moi au 43, rue Notre-Dame-de-Lorette. Je jouais chez lui aux petits soldats naguère, et j'étais chargé de descendre la poubelle, quand je partais de chez lui. Sa mère me le demandait, pas comme un ordre ou comme un dû, loin de là, mais gentiment, parce que les jours où j'étais là, ça lui évitait de le faire. Tout ça pour dire… rien en fait, juste que j'étais très proche d'Alexandre et de sa maman.

Je leur fais part, après avoir quitté mon passionnant boulot de bureau, de ma recherche d'un autre emploi.

Olga, la mère d'Alexandre, travaille alors à la régie publicitaire d'Europe n° 1 comme assistante de direction. Un après-midi, alors que je suis chez elle avec son fils, elle m'apprend que la radio cherche des étudiants pour répondre au standard téléphonique des jeux. Je me présente dans la foulée et ils m'engagent. J'entre donc dans cette station mythique grâce à elle et là ça se passe bien, même mieux que bien. On est soixante standardistes, l'ambiance est très sympathique, on discute entre nous, chacun devant son téléphone, jusqu'à ce que les combinés sonnent, tous en même temps, avec, au bout du fil, les auditeurs pressés de gagner tel ou tel lot que les différents animateurs offrent.

J'adore faire des blagues. Les gens appellent le standard en disant « Europe 1 ? » et je leur réponds : « Lui-même ! Appelez-moi Pinpin ! » Je cours au boulot tous les jours, suis même triste que les journées aient une fin. Je suis émerveillé par ce monde, pour tellement de raisons. D'abord parce qu'un média, c'est une entreprise de divertissement, je ne veux pas dire par là que tout le monde hurle sur tout le monde, pas du tout, mais qu'on y entend des rires, des moqueries, des voix célèbres qui échangent, discutent, argumentent, à tous les coins de studio. L'ambiance est dingue, et chacun est abordable. Il y a bien sûr une hiérarchie, comme dans toute société, mais la différence, c'est qu'en radio, ce que je verrai plus tard en télé, elle n'est pas palpable. Le technicien discute avec l'animateur star, la femme de ménage prend son café avec le journaliste et je pourrais décliner cela à l'infini.

Ah non, pardon, il y a une exception. Devant les bureaux de la radio, il y a un agent de sécurité, un gars qui se prend visiblement pour le P-DG de la porte d'entrée. Chaque matin, il me demande de montrer mon badge, et quand je l'oublie, il a beau me connaître par cœur, il ne me laisse pas pénétrer dans les locaux. Un type brillant, le genre de cerbère qu'on trouve devant les boîtes de nuit… Je parle de lui parce que son mépris d'alors m'avait choqué et beaucoup énervé. Quand je ne pouvais pas aller travailler, je n'étais pas payé. Comme je n'étais déjà pas beaucoup rémunéré, 18 francs de l'heure (2,70 €), imaginez si j'étais, en plus, privé de ces quelques deniers ! C'est simple, une heure qui sautait, c'était un repas en moins. J'avais donc un goût modéré pour la mise en scène grotesque du décérébré.

Douze ans plus tard, je reviendrai avec Les Nuls pour participer à une émission qui s'appelle *Le Zouzouk*. On entre cette fois dans la station accueillis par la direction de l'époque. C'est le même Einstein qui garde la porte, je me poste devant lui et lui dis : « Alors tu ne me demandes pas mon badge ? » Le type reste interdit. Voilà, tout ça pour dire qu'il y a des gens bêtes. Mais que mis à part cet agent de sécurité, je suis comblé chez Europe.

Le tableau est d'autant plus parfait que la radio, dans les années 1980, se déchaîne, car elle est maintenant talonnée par les radios libres. Concurrence oblige, les fréquences en place doivent redoubler d'imagination pour ne pas perdre leur audience. Il règne chez Europe 1 une ambiance créative folle au moment où j'y travaille, j'y suis donc autant que je peux.

Sauf quand je ne me réveille pas. Ça m'arrive une fois, je suis chargé du standard pour une émission qui s'appelle *Le Jeu du boulanger*. Quiconque connaît les horaires de travail des fourniers comprend que l'émission était diffusée le matin très tôt, vers cinq ou six heures, de mémoire. Il est prévu, comme il n'y a pas encore de métro à l'heure à laquelle je dois embaucher, qu'un taxi m'attende en bas de chez moi pour m'emmener au studio chaque fois que je suis d'astreinte au standard.

Et un matin, arrive ce qui doit arriver, je n'émerge pas à l'heure, mais vers sept heures. Je me lève en trombe, cours au métro (m'habille quand même avant), et attrape le premier train. La station la plus proche d'Europe 1, en revanche, est fermée ; je décide donc de descendre à Champs-Élysée-Clemenceau. Je sors en toute hâte, et malheur ! Je vois des chars par dizaines. Je suis alors persuadé qu'il y a eu un coup d'État, Pinochet vient de prendre la présidence du Chili après un putsch sanguinolent, je me dis qu'on va vivre la même chose ! Je suis complètement dans les vapes, parce qu'en fait on est le 14-Juillet…

J'enchaîne sur une histoire moins embarrassante. À la fin de mon CDD, on me propose là aussi, comme à la Réunion aérienne, un CDI, et cette fois ce n'est pas pour faire des photocopies mais des copies des cassettes d'antenne. J'hésite… pas plus que le jour où je quitte la société d'assurances, et décline.

Après un an de bonheur fou à la radio, ayant pleinement conscience que les médias seront ma voie, me voilà donc obligé de quitter Europe n° 1, en larmes (intérieures), récitant en boucle : « Ô rage ô désespoir… N'ai-je donc tant vécu que pour cette infamie ? » Quelques vers écrits le jour où j'apprends que je dois quitter… à moins qu'ils ne soient de Corneille… Aucune idée…

Toujours est-il que je suis réellement au seuil de la désolation, pour une autre raison surtout, moins auguste.

En travaillant à la radio, je n'ai pas pu épargner. Si François Fillon « n'arrive pas à mettre d'argent de côté » quand il gagne 7200 euros par mois, imaginez-moi ! J'ai donc bien besoin d'argent mais préfère être écartelé plutôt que de retourner dans un bureau. Alors je m'adresse à RTL, sachant qu'ils cherchent du personnel pour répondre au standard téléphonique. Je dépose un dossier à la radio, rue Bayard. En attendant une réponse, c'est reparti pour les petits boulots : je fais de la dépose de prospectus dans les boîtes aux lettres et de la vente de publicité par téléphone et puis j'appelle des gens pour leur proposer de participer à un stage de tennis, et je me fais rabrouer toute la journée. J'ai beau les faire rire, invariablement, ils raccrochent sans m'avoir passé commande. Je n'ai jamais vendu la moindre formation. Bref, j'enchaîne les emplois palpitants en attendant qu'RTL me rappelle.

Mais le téléphone reste muet.

Quand un copain m'annonce qu'il y travaille – oui chez RTL ! –, ça me met dans une colère noire. Pas contre lui, le pauvre, mais contre la radio. Je leur téléphone, ce que je n'aurais jamais fait avant car j'étais très timide à l'époque – aussi étonnant que cela paraisse –, c'est vrai, un timide maladif. Et donc j'appelle et je m'apprête à protester quand la standardiste me coupe et me dit : « Venez, on a besoin de quelqu'un. »

Et voilà comment j'arrive chez Max Meynier le soir même. Je suis très impressionné. Max est une légende, il est adoré de ses auditeurs et à l'époque tout le monde en France le connaît. Et je ne parle pas de l'émission mythique qu'il anime, *Fréquence Max*. Je suis ébloui à l'idée de travailler avec lui, et totalement conquis quand je fais sa connaissance. Il est d'une grande gentillesse, me met plus qu'à l'aise, m'invite à m'adresser à lui si besoin, etc. Son équipe est à son image, bienveillante, ce qui me touche mais m'étonne beaucoup ; je n'ai que dix-huit ans, et je me sens, je crois, considéré pour la première fois.

Ma mission est la même que chez mon ancien employeur : répondre au standard, mais cette fois pas à toutes sortes de gens, seulement à des routiers. Ils téléphonent pour demander un coup de main à leurs collègues routiers. Il faut préciser qu'à l'époque l'émission est le relais entre les chauffeurs qui n'ont aucun moyen de se joindre entre eux, à part la CB, c'est-à-dire une fréquence sur laquelle ils sont tous connectés… quand elle marche. Moi, je n'ai qu'à leur demander quel est le message pour Max, je le note sur un papier et je le lui transmets, hors antenne.

De standardiste numéro 8, je deviens chef de standard en quelques mois. À partir de cet instant, j'ai une réelle proximité avec Max, qui me permet d'apprendre le métier de fond en comble.

Malheureusement, cette fois encore, mon contrat dure un an et arrive à expiration. Je suis anéanti, d'abord de quitter ce lieu, ces gens et cet emploi que j'aime, mais surtout parce que je retourne inexorablement vers les petits boulots. L'idée de laver deux cent cinquante assiettes, de passer l'aspirateur sur trente mètres de moquette, ou de déposer mille prospectus dans autant de boîtes aux lettres me donne envie de m'immoler, ou pas loin.

Quelques semaines plus tard, à ma grande joie, RTL me rappelle. On me propose à nouveau le poste de chef de standard, parce qu'il y a, d'après ce dont je me souviens, pénurie de personnel et donc quelques remplacements à faire. J'y vais, non d'ailleurs j'y cours, et je fais bien. Car c'est à partir de là que ma vie va prendre un tout nouveau départ.

Appelons ça le hasard, la chance, le destin, ou juste Jean-Pierre Cantien. Parce que c'est à lui que je devrai d'entrer chez Canal dans quelques mois…

Je détaille : je sais que je ne suis revenu chez RTL que pour combler des absences, que ma position est éphémère. Pendant que je suis en poste, je demande à tous mes collègues, peu importe leur échelon dans l'entreprise, de me dire s'ils pensent à un travail pour moi, connaissent quelqu'un qui pourrait m'embaucher, parce que je sais à ce moment-là que le monde dans lequel je serai heureux sera forcément un média.

Je m'adresse un jour à Jean-Pierre Cantien, l'un des réalisateurs stars de la radio, lui demande s'il connaît quelqu'un qui pourrait me prendre en télé. J'ose parce qu'on se connaît un peu, il sait que j'ai de l'ambition. J'espère en secret qu'il m'enverra vers sa femme.

La femme de Jean-Pierre Cantien, Dominique, je le sais pour avoir parfois eu l'oreille qui traînait, va travailler à l'installation d'une nouvelle chaîne : Canal +. Pas encore considérée comme la papesse de la télévision, elle est cependant déjà vue comme une grande productrice.

Alléluia ! Jean-Pierre griffonne le numéro de son épouse et me dit de rapidement l'appeler parce qu'elle cherche justement un assistant. Et ajoute : « En plus, quand tu la fais patienter au téléphone le soir, tu la fais rire. » Grâce à mes pitreries, j'entre dans l'antichambre de ma nouvelle vie. Cette rencontre avec Dominique va totalement changer le reste de mon existence. Je l'appelle, elle me fixe un rendez-vous. J'y vais, en jean, mes baskets aux pieds comme d'habitude, un tee-shirt, ma veste en jean par-dessus mais attention : le col relevé. Elle est amusée en me voyant. Je suppose que c'est parce que je ne suis pas apprêté, ne porte ni costume ni cravate.

Mes yeux, dès que je passe la porte d'entrée du grand hall, sont immédiatement captés par la moquette : bleu marine avec des étoiles. Il n'en faudrait pas plus à quiconque pour vouloir travailler ici, c'est forcément mon cas aussi.

Après un premier entretien avec Dominique, qui, il faut croire, se déroule bien, j'ai maintenant rendez-vous avec Alain De Greef. Il est le directeur de production, le grand chef de l'antenne de la chaîne naissante, pour faire simple – et c'est lui qui m'annonce mon embauche. J'y rencontrerai très vite André Rousselet et Pierre Lescure, les cofondateurs de Canal, Mathias Ledoux, son réalisateur, Étienne Robial, le concepteur de l'habillage et évidemment Alain Chabat, Chantal Lauby et Bruno Carette, qui deviendront mes camarades de jeu des Nuls. Et bien sûr avant tout mes amis.

J'ai vingt et un ans quand j'entre chez Canal +, en juillet 1984.

On est quelques mois avant le lancement de la chaîne, je suis donc dans les coulisses de la création d'un média. Je regarde comment on conçoit un habillage, comment on crée un concept d'émission, puis la façon dont on l'enregistre, la répète. Je suis heureux et très curieux de tout ce qui se passe autour de moi.

J'aime plus encore l'ambiance qui règne dans les couloirs de Canal. Les employés qui composent la chaîne ont en moyenne vingt-cinq ans, et le patron de la ruche, Pierre Lescure, en a trente-huit. C'est donc un endroit où je suis tout à fait à ma place, mais ce n'est pas qu'une question d'âge.

C'est avant tout qu'ici, on rit beaucoup. Y a-t-il meilleur emploi que celui où on s'amuse ? Pierre avait engagé Jacques Bal. Il était chargé des programmes de la jeunesse, mais pas uniquement. J'ai su, a posteriori, qu'il avait aussi été embauché parce qu'on savait qu'il allait mettre de l'ambiance dans les bureaux, ce qui était le cas, deux fois par jour. Il déboulait par exemple dans les couloirs, et hurlait : « Dans dix minutes, tout le monde à poil ! » ou aux employés du rez-de-chaussée : « Attention, ceux qui ne savent pas nager, montez au premier, parce que l'éléphant va pisser ! »

Tout cela pour dire que je tombe follement amoureux de Canal. Et je ne parle pas de tous ceux, impressionnants, dont je fais la connaissance, alors que je les voyais jusque-là dans ma télé. Je croise Antoine de Caunes, Philippe Gildas, suis époustouflé de voir comment ils travaillent, et je rencontre Donna Summer !

C'est le jour du lancement de la chaîne et j'ai le titre d'assistant de production de Dominique Cantien. L'émission est en direct et moi surexcité. C'est non seulement le premier jour d'un nouveau média, mais en plus mon premier direct. Il y a quatre cents ou cinq cents invités dans les locaux de Canal, un abondant et majestueux buffet et la présence encore une fois de Donna Summer, qui chantera pendant l'émission sur laquelle JE travaille ! Je suis tellement radieux à ce moment-là que j'en deviens hardi. Avant qu'Antoine de Caunes prenne place sur le plateau, je lui glisse ce jeu de mots : « Donna se meurt mais ne se rend pas », et j'ai la chance qu'il le prenne et le dise à l'antenne. Je vis un jour doré.

Et les souvenirs me reviennent. Ceux de mon enfance, la plupart du temps, voire la totalité devant la télé. Je me revois à dix ans devant la lucarne, le samedi après-midi. Je regardais sur TF1 une émission qui s'appelait *La une est à vous*, et c'était Bernard Golay qui la présentait. Je me revois assis par terre, en tailleur, la bouche entrouverte tellement j'étais happé, le nez quasi encastré dans l'écran pour ne rien louper du show. Le concept était simple et me passionnait. L'animateur demandait aux téléspectateurs de téléphoner pour voter pour leur série préférée. Ensuite, le feuilleton gagnant était diffusé et il y avait aussi un groupe musical qui jouait en direct. C'était truqué, je m'en doutais, mais j'aimais bien cette émission.

J'en suis devenu très assidu lors d'un samedi pas comme les autres. L'émission se déroule comme à son habitude, ensuite il y a un groupe musical, les Rubettes, qui jouent leur dernier morceau en direct. Tout se passe bien, le play-back colle à peu près, et d'un coup, la chanson est coupée, sans doute le programme dépasse-t-il le temps imparti, et le générique est lancé en surimpression, ça veut dire qu'on continue à voir ce qui se passe en plateau mais sans que les invités considèrent les caméras. J'ai, ce jour-là, la sensation d'être en coulisses et ce que j'y vois me plaît, non, m'emballe : tout le monde discute, rit, boit un verre, plaisante, et à cet instant précis, je me dis que c'est là où je veux être. Et justement, j'y suis aujourd'hui : chez Canal.

Je fais mes premiers pas d'assistant de production pour l'émission *Tous en scène*. Agnès Gribe et Patrick Poivre d'Arvor en sont les présentateurs, et j'ai la chance qu'on me propose, si j'en ai envie, de devenir auteur. Je suis euphorique, puisque j'écris les interventions d'Agnès, et ce qu'on appelle les lancements, c'est-à-dire les quelques mots qui introduisent un reportage, une interview. L'émission dure six mois, entre 1984 et 1985 mais ça me laisse le temps d'apprendre le métier, ses ficelles, et de comprendre les attentes des téléspectateurs.

C'est à ce moment-là que je rencontre Alain Chabat, dans les couloirs de Canal. Lui, il présente la météo le matin… quand il se réveille. Parce qu'il est du matin autant qu'un vampire peut l'être. Toujours est-il que l'on sympathise vite, même si chacun suit pour l'instant son chemin.

Je passe d'auteur à réalisateur de bandes-annonces. C'est la première fois qu'on fait des bandes-annonces pour la télévision et franchement, je n'en reviens pas qu'on me propose le job ! Pierre Lescure, le Big Boss de Canal +, me convoque : «On a besoin de toi Farrudj !» me dit-il. Je l'avais déjà vu, je savais bien sûr qui il était, mais on ne s'était jamais parlé. Je n'ai d'ailleurs jamais su comment il connaissait mon surnom, mais «c'était le début d'une longue amitié», comme dit Bogart à la fin du film *Casablanca*. Et il me propose donc de devenir réal. Mon sentiment à cet instant? L'envie de danser un charleston. C'est faux mais j'ai promis à quelqu'un que j'écrirais ça, parce qu'elle trouve drôle de m'imaginer en danser un...

M'imaginer danser tout court, en fait, pourrait faire rire n'importe qui. Ce que j'ai pourtant fait, à mes débuts chez Canal. Mathias Ledoux, dont je deviens l'assistant-réalisateur, après que l'émission *Tous en scène* s'est arrêtée, est un jour en train de réaliser le clip «La FM qui s'est spécialisée funcky» de Michel Jonasz. Je suis sur le plateau, à scotcher ci ou positionner ça, quand Mathias me dit : «Tiens Dominique, tu tombes bien, il nous manque un figurant !» et voilà comment je me retrouve à jouer les marchands de glace dans le court-métrage. Ça met ma timidité alors maladive à rude épreuve, mais ça m'amuse, c'est vrai.

Comme de faire les chœurs de *C'est la ouate*, la chanson de Caroline Loeb. Cette fois, ce n'est pas Mathias qui me coince, mais Philippe Chany. Il bosse sur la chanson et me lance, au détour d'un couloir, qu'il aurait besoin de voix à poser sur le disque. Je suis un peu étonné de sa demande, vais pour refuser, mais comme il me dit que je ne serai pas le seul, qu'il y aura plein d'autres gens au studio, j'accepte. Rendez-vous est pris pour le lendemain matin.

J'arrive à l'enregistrement et là, surprise ! On est deux ! Officiellement, personne ne s'est réveillé. Pourquoi je raconte ça ? Pour dire que c'était une tout autre époque. Qu'à mes débuts, tout était possible, y compris participer à des projets impromptus, même si on n'avait aucune qualification. Une autre époque, définitivement !

Après cette expérience de couteau suisse, je deviens donc réalisateur de bandes-annonces. J'apprends le montage, j'apprends à voir des films et surtout à les disséquer, à en tirer le meilleur. Je dois, lors de cette saison, réaliser entre quatre cents et cinq cents bandes-annonces, ce qui signifie autant de films vus.

Au mot « bonheur », dans le dictionnaire, vous trouverez une photo de moi, cette année-là. Parce qu'autant dire que j'ai rarement été plus heureux qu'à cette période. Être payé à visionner des films… même si ma mission ne se résume quand même pas à cela. Je suis aussi chargé de rédiger le texte de la voix off qui va annoncer leur diffusion. Et là je jubile. Je place des petites absurdités comme l'annonce du quatrième volet de la trilogie de *La Guerre des étoiles*. Je glisse ça tranquillement, et la voix off lit mon texte sans ciller. Je me régale.

Côté privé, j'ai quitté ma chambre de bonne et je vis avec mes amis d'enfance, Henri de Lorme et Serge Hazanavicius dans l'appartement de ce dernier. Lui est devenu un acteur suffisamment célèbre pour qu'on ne le présente plus. Quant à Henri, il est aujourd'hui numéro deux d'un grand groupe de médias birmans. On vit pendant cette période comme des mecs. Traduction : l'appartement est tellement sale que même les rats n'y viennent plus. J'achète d'ailleurs une télévision d'occasion à cinq cents francs, c'est écrit dessus au marqueur. Eh bien des mois plus tard, le prix est toujours écrit dessus.

Je gagne un peu d'argent, en tout cas plus que mes camarades qui veulent devenir acteurs, et on se commande des gros couscous chaque fois que je reçois ma paie. J'ai la grande chance d'avoir les mêmes amis depuis plus de quarante ans. On a vécu cent vies ensemble, traversé tant d'événements qu'il me faudrait deux tomes pour tout raconter. À la place, je ne vais dire qu'une chose d'eux : ils sont ma famille d'élection.

Je leur ouvre les portes de Canal en grand, dès que je m'y sens bien en place. À Henri, à Serge et à Michel Hazanavicius, son frère. Lui aussi est mon ami depuis perpette, et à perpétuité. Comme Maamar Ech-Cheikh. Je ne sais pas s'il est utile de présenter ces deux-là, ni de dire qu'ils sont pétris de talent. Michel a reçu deux oscars, celui du meilleur film et du meilleur réalisateur pour son film *The Artist*, et Maamar, en plus d'être le frère de Kamel, celui avec qui je jouais de la batterie au sous-sol dans ma tendre jeunesse, est décorateur de cinéma. Il a eu le César des meilleurs décors pour *OSS 117 : Le Caire, nid d'espions*.

Je suis fier de les avoir entraînés dans mon sillon, chez Canal. Parce que pour moi il est important, plus que ça même, d'aider ses amis. Pas uniquement ses amis d'ailleurs, mais tous ceux qu'on peut aider. Moi, si personne ne m'avait tendu la main, je ne serais arrivé à rien. Seul Fabrice Benoît, l'autre copain avec qui nous avions monté le groupe de rock, n'a pas voulu suivre cette piste, mais il est devenu un pape de l'industrie musicale.

Revenons à l'existence que je mène au boulot : j'accumule les joies. Je peux voyager, m'offrir du mobilier déjà monté, et je n'ai pas besoin de vendre un rein pour me payer un bon restau. J'ai le sentiment de pouvoir acquérir toute la culture dont j'ai été privé jusque-là faute d'argent. Je redécouvre la musique classique et j'en écoute à foison. Je dévore de la grande littérature. Je l'ai déjà dit, grâce à ma mère, j'ai une culture de bazar, une culture faite de petites choses. Là, j'ai non seulement les moyens de m'acheter les ouvrages que je veux lire, ce qui n'était pas le cas quand j'étais enfant, mais j'ai surtout l'un des hommes les plus cultivés à portée de voix : j'ai nommé Pierre Lescure.

Dès la première année chez Canal, je réalise un de mes rêves les plus chers, aux deux sens du terme : un voyage à New York. De cette ville, que j'ai cent fois vue dans des films, je connais les images, les sons, mais pas les odeurs. Et elles me font follement envie. J'étais souvent allé en Angleterre, à Londres, et croyais dur comme fer que c'était une Amérique pas loin. Je tombe fou amoureux de New York, immédiatement. Je marche à travers la ville, un Walkman calé sur les oreilles, je traverse le pont de Brooklyn en écoutant le premier mouvement de la Symphonie n° 25 de Mozart. *Amadeus* vient de sortir au cinéma et j'ai acheté la bande originale. J'ai vingt-deux ans et je trouve tout fascinant. Les odeurs de hot dogs quand les vendeurs ambulants croisent mon chemin, les vapeurs qui jaillissent des bouches d'égout sans prévenir, les distributeurs automatiques de journaux de toutes les couleurs, les immeubles qui narguent le ciel chargé, même la course folle des passants, la saleté des rues, je les aime. Le Manhattan de Woody Allen, d'*Anna et ses sœurs*, voilà ce que je voulais voir, et voilà ce que je vis. Je ne me prive d'aucun cliché. Je cours à Central Park, je me perds dans le centre-ville, je grimpe les escaliers de l'Empire State Building... Je suis aux anges.

J'ai la chance de découvrir cette ville qui est faite pour les marcheurs. Une ville dont, à mes yeux, on ne peut s'abreuver qu'à pied. J'ai d'ailleurs été bien inspiré de la visiter si jeune, parce que sinon je ne l'aurais jamais fait.

Cinq ans plus tard, mes difficultés à marcher m'en auraient empêché.

Je monte dans l'avion qui me renvoie à Paris quelques jours plus tard. Je profite des sept heures quinze de vol pour archiver tout ce que je viens de vivre. Je me motive pour avoir envie de retourner travailler, mais peine à m'en convaincre. Sans savoir qu'en fait, la chance sera de la partie...

Les Nuls étaient alors déjà nés, de la réunion de Chantal Lauby, Bruno Carette, Alain Chabat et de quelques autres. Mais la bande va vite être dissoute, excepté bien sûr son noyau dur. Un jour avec Alain, je fais un flipper, dans le café face à Canal +. Le troquet s'appelle Chez Raymonde et nous, on l'appelle « chez immonde » tellement de gens ont été malades après avoir mangé un sandwich chez elle. Ce matin-là, je balance trois vannes à Alain qui le font rire. Il me propose de venir écrire un soir avec lui et ses deux comparses, pour l'émission *Objectif Nul*. Je suis alors loin de me douter que l'histoire durera dix ans.

Je vais voir le directeur de production pour lui faire part de mon envie de rejoindre le trio en tant qu'auteur. Il me dit qu'il n'y voit aucun inconvénient, si moi je n'en vois pas à ce que mon salaire soit coupé de moitié. Je *gloups* un peu mais pas tant que ça. Je veux absolument travailler avec Les Nuls. Bon investissement au final : un an et demi après, mon salaire sera multiplié par dix. Mais nous n'en sommes pas encore là.

Naissent Les Nuls dans leur version finale, c'est-à-dire en quatuor. On crée d'abord *Objectif Nul*, puis *Nulle part ailleurs.* Ensuite, à la demande d'Alain De Greef, j'accepte de faire de l'antenne. Je dis j'accepte, parce que ce n'était pas du tout dans mes projets, et moins encore dans ma liste d'envies. Toujours est-il que je me retrouve catapulté Mister météo dans le JTN (Journal télévisé nul), dans l'émission *Nulle part ailleurs.* À la fin de la saison, on décide tous les quatre de prendre une année sabbatique, semi-sabbatique en réalité parce qu'on tourne quand même deux émissions exceptionnelles (au sens de non prévues) : *TVN 595* et *La Nuit la plus nulle.*

La rentrée suivante, en septembre 1989, on signe à nouveau pour une saison à temps plein. L'émission, cette fois, s'appelle *ABCD Nuls.* Le concept est simple : il s'agit de donner des définitions de mots. Exemple : « Escarpins : mot féminin.

Chaussures féminines à talons. Oh ils sont magnifiques ces escarpins ! Vous les avez en 43 ? Amanda Lear. » On travaille comme des fous sur ce show, parce qu'on est en direct tous les soirs sauf le week-end. On est fatigués, mais il faut l'avouer, heureux au-delà du descriptible.

Jusqu'à la mort de Bruno, le 8 décembre 1989.

3

Je marche

On est sonnés par la soudaineté de sa disparition. Même s'il avait dit qu'il était lessivé deux mois avant, même s'il avait décidé de partir dans le Sud pour aller se reposer quelques jours chez sa mère parce qu'il ne se sentait pas bien, même s'il était remonté à Paris un mois plus tard en avion sanitaire. Même si tout ça, jamais on n'aurait pu penser qu'il partirait en quatre mois. D'une leucoencéphalite. C'est une maladie qui tue les cellules, doucement. À vitesse grand V pour lui.

On n'a rien compris.

Moi peut-être encore moins que les autres. Personne autour de moi n'était jamais mort à trente-trois ans. Et puis quand je le regardais jouer dans nos sketchs, je voyais un immense acteur, je savais qu'il deviendrait central pour le cinéma français tant sa palette de jeu était vaste. Je ne crois pas lui avoir jamais dit combien je croyais en lui. Ni que je l'aimais. À la place, on se chamaillait.

C'est sa mort qui a déclenché ma sclérose en plaques. Le choc, sa brutalité. Pas uniquement cela, mais ça d'abord, j'en ai la conviction. Je fais une attaque de panique quelques jours après le départ de Bruno. Je suis transporté à l'hôpital en urgence, je peux à peine respirer. Je suffoque, j'hallucine, je perds pied, et tête. Et corps… mais je ne sais pas, à ce moment-là, que ça durera.

Les scientifiques ont développé une thèse : la SEP serait un virus qu'on aurait en soi, et qui pourrait apparaître après une grosse période de stress.

On arrête l'émission *ABCD Nuls* le jour même de la mort de Bruno. Ça ne rime plus à rien de continuer, puisque B A C D… je ne me souviens pas de ce qu'on se dit, Chantal, Alain et moi. Mais je sais qu'on ne parle pas de la suite sans lui. Parce qu'on ne pense qu'à ça, au fait qu'il n'est plus là.

André Rousselet, le fondateur de Canal, loue un avion pour que tous les employés de la chaîne puissent assister aux obsèques de Bruno dans le sud de la France, là où il a grandi. Quand j'entends des gens aujourd'hui encore parler de l'esprit Canal, je repense à ce geste fou. Louer un avion, tout de même…

Autre épisode pour apporter de l'eau à ce moulin : un dîner dans le Sud encore, et toujours organisé par André Rousselet. Un repas, cette fois en plus petit comité, mais quel comité ! À table, de beaux esprits, notamment celui de Georges Kiejman, illustre avocat et futur ou déjà ministre, je ne me souviens plus. Bref, à la fin du repas, mon patron me raccompagne à la porte très paternellement. Je lui dis, avant de le quitter : « Vous savez président, avant de vous rencontrer, je n'avais qu'un jean, maintenant j'en ai plein. » Il me répond : « Avant de vous rencontrer, je n'avais pas cette maison. »

Je finirai, pour décrire « l'esprit Canal » dont tant de gens parlent, en racontant un triste épisode : l'enterrement de Mathias Ledoux en 2005. Tous les patrons de la chaîne, et de nombreux employés aussi, sont présents aux obsèques. À la fin de la cérémonie, Alain De Greef me prend par le bras et me dit : « Tu vois, ça va être ça maintenant les fêtes Canal ! » Humour noir…

J'en reviens à la disparition de Bruno. Et je le dis à nouveau : Chantal, Alain et moi allions très mal. C'est grâce à Alain De Greef qu'on se redresse. On n'est pas debout, on est à genoux, mais on entend ce qu'il dit, qu'on ne doit pas arrêter de travailler, qu'on ne peut pas faire ça, qu'on a trop de talent pour tout envoyer valser. De Greef, en plus d'être l'un des théoriciens de la télé, celui qui a créé Canal + de ses mains avec Lescure, lui a donné son ADN et son verbe, est surtout et avant tout l'humanité personnifiée. Et au moment où Bruno n'est plus, il devient une arme de réenchantement massif. C'est lui qui nous aime le plus, mais c'est surtout lui qui nous aime le mieux. Alors on décide de le suivre, de déboucher nos Bic et de se remettre à écrire. Et on crée l'émission *Histoire(s) de la télévision.*

Le concept, c'est toujours le même : des sketchs. Mais le décorum change. On est une famille, les Gilet. Alain joue le père, Chantal endosse le rôle de la mère, et moi je suis Gilou, le fiston, la mèche qui tombe sur le nez, le regard bovin et l'assise molle. Inutile de préciser que je joue un ado, ce qui explique qu'Alain, à ma droite, passe son temps à me filer des tapes sur le crâne. On est tous les soirs assis autour de la table de la salle à manger, moi sur une chaise plus basse que celle de mes « parents », pour me rendre plus petit à l'écran. On est en train de dîner, et on regarde, sur le petit écran, les émissions de l'époque, mixées à notre sauce version parodique.

Je m'arrête un instant pour me souvenir d'Alain, qui à cette époque, dort entre chaque prise, sans doute fracassé par la mort de Bruno. Pour citer Chantal : « On a recréé une famille alors qu'on venait de perdre un membre de la nôtre », dit-elle en parlant de la disparition de notre ami. C'est vrai. Et étrange. Et qui sait, c'est peut-être ce qui nous a permis de ne pas sombrer. Je n'en sais rien.

Comme on a cinq minutes quotidiennes à enregistrer chaque jour, ce qui est énorme, on prend

Jean-Marie Gourio comme auteur supplémentaire pour nous aider à écrire les sketchs. Il vient de *Charlie Hebdo*, dont il était le rédacteur en chef adjoint. Il intègre notre bande à ce moment-là, mais nous suivra ensuite sur l'émission d'après, puis prendra son envol en prêtant son talent, et quel talent ! aux *Guignols de l'info*, à *Merci Bernard*, à *Palace* et surtout en écrivant des livres, quasiment tous primés.

On agrandit la famille en demandant à Alain Berberian de réaliser toutes les parodies d'émission et les plateaux. Je le connais depuis mon arrivée chez Canal +. Il était monteur quand je réalisais les bandes-annonces. Je l'aime beaucoup, je le trouve doué et je suis sûr qu'il peut troquer son banc de montage pour des tournages. Il hésite un peu avant de venir, il est à ce moment-là en poste ailleurs et ce qu'il fait lui plaît. Mais devant notre enthousiasme à vouloir collaborer avec lui, il accepte. C'est la première fois qu'il met en scène des pastiches, des fausses pubs, des scènes de vie et je suis ravi que ce soit nous qui lui ayons ouvert cette voie parce qu'ensuite il réalisera des films qui deviendront cultes : *Paparazzi*, *Le Boulet* et *L'Enquête corse*, entre autres.

Un jour de 1990, on est en plein tournage d'un sketch pour l'émission. Impossible de me remémorer la scène ou mon rôle, je me souviens seulement de ça : je suis en train de courir, mes jambes se dérobent sous moi. Et je chute. Je ne me suis pas pris les pieds dans quoi que ce soit, personne ne m'a fait de croche-pied et pourtant, je me retrouve par terre, sans comprendre pourquoi. Je n'en fais pas un drame, je ne me demande pas vraiment comment ça a pu arriver, je me relève et je reprends le tournage.

On tourne de manière compulsive, je suis fatigué, ce doit être la raison de ma chute. Oui, ceci doit expliquer cela.

Mais ça ne justifie pas que je n'arrive plus, après ce premier accident, à me baisser pour lacer mes chaussures.

Ça ne justifie pas que je ne puisse plus courir non plus. La sclérose en plaques est là, je suis encore loin de le savoir, mais tout près de faire comme si je ne savais pas qu'un truc grave prend place en moi.

Je continue à beaucoup travailler, refusant de voir que ma santé se dégrade. Je nie ma maladie, je m'en mets plein le nez. Je le fais depuis cette soirée à laquelle je suis invité. C'est une soirée branchouille, dans l'appartement d'un gars ou d'une fille « fashion », comme on dit, entendez en vogue. Après le dîner, un des invités me montre de la cocaïne, qu'il étale comme un maçon son ciment, avec délicatesse, et me demande si je connais. Je réponds « oui » sans savoir. Sans savoir le mal que ça me fera plus tard, quand je serai déclaré malade.

Je regarde mon professeur d'un soir s'approcher, placer son nez au-dessus de la cocaïne, l'aspirer, rejeter sa tête en arrière, l'air satisfait. Je le copie. La sensation est presque instantanée. Je me sens fort. À l'évidence, ce n'est qu'une impression, mais je me sens capable de parler à tout le monde, ça lève toutes mes inhibitions. Ce soir-là, je guillotine le timide que j'étais enfant, et que je suis encore de temps en temps.

Après cette soirée, je prends de la coke régulièrement. Mais uniquement la nuit. Je ne suis jamais défoncé au boulot, je ne prends pas Alain Chabat pour un chien et je ne viens pas chez Canal avec un casque de moto sur la tête juste pour la frime. La drogue, c'est récréatif, mais c'est déjà trop. Pourquoi j'en prends autant ? Je n'en sais rien, parce que je suis jeune, influençable.

Parce que je ne pense pas au lendemain.

Ni au malade que je serai bientôt.

Alors que tout l'annonce.

Après cette chute et ces difficultés à me mouvoir, j'aurais dû prendre tout de suite rendez-vous chez un médecin. Sauf que je mets toujours un temps fou à prendre des décisions, je fais toujours tout à retardement, je remets toujours tout au lendemain. Je décide d'en consulter un des semaines après les multiples avertissements. J'y vais en traînant la patte, dans tous les sens du terme.

Il m'ausculte, me dit que c'est peut-être une sciatique, un lumbago, une hernie…

Jamais il ne pense à une sclérose en plaques. Jamais il ne pense à une maladie dégénérative. Jamais je ne lui dis non plus que certains mouvements me sont interdits. Je fais comme tout le monde, je l'aiguille sur ce que je veux entendre. Je sors de la consultation sans inquiétude, persuadé que ça va passer.

Je reprends le chemin des tournages, des plateaux, des rigolades, jusqu'à ce qu'on arrête l'émission *Histoire(s) de la télévision*. On est en juin 1990, arrivés au bout de ce qu'on avait envie de faire, et vannés. On prend quatre mois pour vivre ailleurs que sous les faux soleils des cabarets télévisés, autrement qu'un stylo à la main et la cervelle en ébullition, pour, en quelques mots, se remettre sur pied. Ce que moi je ne serai plus longtemps.

Alain De Greef nous propose alors un nouveau format d'émission : une heure en direct, devant public, tous les samedis sur Canal +. Et en crypté. Je le spécifie car je pense qu'on y est pour quelque chose si les abonnements de la chaîne décollent à cette période. Parce que le programme fait un carton, je parle de *Les Nuls, l'émission*. Le terreau du concept, c'est bien sûr des sketchs, mais on y ajoute un invité musical et un invité central, un comédien en général, qui jouera dans toutes les saynètes comiques. On pimente avec une pincée de fausses pubs, histoire de respirer et de changer de costume, et un journal décalé pour pouvoir s'amuser de l'actualité.

Il nous faut bien entendu une célébrité populaire pour la première. On sollicite Gérard Lanvin, qui nous invite à dîner chez lui dans sa maison de Boulogne pour en parler. On a préparé un petit dossier, un truc succinct mais descriptif de ce qu'on imagine et surtout du rôle qu'il aura à jouer. Il ne regarde pas nos notes, à la place, on lui explique le concept, si on peut dire ça, parce qu'à la vérité, il ne nous pose pas trop de questions et accepte de devenir le premier invité de notre show, le parrain donc, dès l'apéritif. Il nous spécifie cependant qu'il sera affublé d'une grosse moustache parce qu'il sera en tournage pour le film *La Belle Histoire* de Claude Lelouch. Nous, on s'en fiche qu'il débarque avec du poil, des plumes ou en justaucorps à paillettes pourvu qu'il vienne. Parce qu'on l'adore. Au-delà du fait que ce soit un grand acteur, c'est un type qui marque par son authenticité et sa gentillesse.

Le 13 octobre 1990, l'émission commence. Gérard est avec nous devant la caméra, endossant, entre autres, le rôle d'une speakerine *perruquée*, d'un gars désabusé, d'un autre adepte d'ovnis. Pour que le tableau soit cohérent, on s'est comme lui collé une méga moustache. Côté auteurs, il y a, en plus d'Alain, Chantal et moi, Jules-Édouard Moustic, qui explosera ensuite dans *Groland*, et enfin Alexandre Pesle, mon talentueux copain d'enfance.

L'audience décolle dès la première et les invités les plus prestigieux de l'époque acceptent de participer dans la foulée. Certains demandent même à revenir deux fois, c'est le cas de Michel Blanc ou de Valérie Lemercier, par exemple.

Le lundi et le mardi, on tourne les sketchs qui seront diffusés pendant l'émission. Le mercredi, on fait des lectures des scènes avec l'invité, le jeudi on répète tout le déroulé dans les décors avec la star.

Le vendredi, le groupe musical fait sa balance, c'est-à-dire répète son morceau dans les conditions du direct, pendant que nous, dans notre bureau, on continue d'affiner ce qu'on va jouer le samedi. Le jour de la diffusion, on se retrouve pour finir d'écrire le JT le matin, puis on répète les sketchs, on procède à un filage complet de l'émission, ça veut dire qu'on l'exécute en entier entre dix-sept et dix-huit heures. On se repose le temps d'un éternuement, on va dîner, on se met en costume et à vingt-deux heures, on lance le show pour une heure.

Ah, j'ai oublié de dire que ma santé se dégrade pendant cette période, et ça se voit. Alain me dit un jour qu'il faut vraiment que j'aille faire soigner mon dos. J'ai omis de confier, par ailleurs, que cette époque est tout de même bénie, pour cette autre raison : je me rapproche de mon père. Il vient me voir aux répétitions de *Les Nuls, l'émission* le samedi après-midi. Je le regarde du coin de l'œil pendant qu'on répète, et le vois clairement amusé. Je me dis que ça doit le détendre de nous voir nous marrer comme des gamins. Je comprends ça, moi aussi je trouve que la vie d'adulte, c'est très surfait. À moins que ce soit parce qu'il aime le spectacle au-delà de tout, lui, le musicien d'orchestre.

Un jour je m'assois près de lui et je lui demande s'il va bien. Il me répond, tout sourire, que oui, il va parfaitement bien. Il m'explique le plus sérieusement du monde qu'il vient d'acheter un appartement à Mandelieu, sur la Côte d'Azur. Je lui demande : « Mais avec quel argent ? », il me répond : « Avec le tien ! »

Pour *Les Nuls, l'émission*, on avait demandé quelque chose de très spécial dans notre contrat… Avoir droit à une fête après chaque émission.

Tout le monde y était invité : les techniciens, les auteurs, les costumiers, la star… tout le monde, et on s'amusait. Après l'*after show*, il y a l'*after* de l'*after show* et pendant ces années, je n'étais pas le dernier pour la déconne. Vous l'aurez compris, j'étais capable de créer une *after* après l'*after* de l'*after*.

Toutes les semaines, après avoir quitté l'*after show*, nous nous rendions dans une boîte qui s'appelait Le Shéhérazade. Nous y avons convié des tonnes de personnalités. On nous gardait un coin qui était plus grand qu'un carré VIP !

J'ai un souvenir ému d'une vedette de la chanson française qui commandait un taxi, prenait un whisky, l'annulait, commandait un taxi, reprenait un whisky, l'annulait et ce jusqu'à sept heures du matin...

Après une semaine d'extrême frustration, puisqu'on travaillait comme des acharnés, c'était le vrai moyen de lâcher du lest. On dansait, on rigolait, on s'amusait. La plupart du temps je rentrais tôt le matin chez moi, je m'endormais et me réveillais pour regarder la rediffusion de notre émission en clair à dix-huit heures. Souvent nous nous appelions ensuite avec Chantal et Alain pour en faire le debrief. Et le lundi matin, c'était reparti.

Après quasiment deux ans de ce rythme effréné, tant au niveau des horaires de travail que des sorties, nous décidons tous les trois d'arrêter *Les Nuls, l'émission*. Nous sommes en juin 1991 et ne voulons pas signer pour une deuxième saison, parce qu'on est desséchés. On a trop écrit, on est taris. On prévient Alain De Greef avant la fin des tournages, sans savoir qu'il ne compte pas nous laisser partir comme ça. Il est d'accord pour qu'on se mette sur pause, mais pas pour qu'on stoppe tout. Et de discussion en discussion, on décide qu'on peut, pourquoi pas, imaginer une seconde saison si on nous autorise à tourner quatre émissions, appuyer sur le bouton « off » pendant une semaine, tourner à nouveau un mois, etc. Alain De Greef acquiesce et nous propose, en guise de remerciements pour le travail de damné qu'on vient de fournir, de nous récompenser par un petit voyage aux États-Unis.

Il a une surprise… Et elle est de taille.

Il nous propose de rencontrer Lorne Michaels. Lorne Michaels est l'homme que je vénère le plus au monde. Il a créé en 1975 le *Saturday Night Live*, dont sont sortis des gens comme John Belushi, Dan Aykroyd, Bill Murray, Eddie Murphy, Will Ferrell, Martin Short… Il embauche de jeunes acteurs comme John Cusack, Robert Downey Jr. Et c'est grâce à lui que les Blues Brothers et Wayne's World ont vu le jour. Le *Saturday Night Live* est tourné en studio, en plein cœur de Manhattan, et surtout en live ! Bref, nous allons rencontrer l'homme à qui on a piqué l'idée de *Les Nuls, l'émission…*

Alain et moi nous dirigeons vers l'avion avant même d'avoir dit « merci » à De Greef. Chantal ne viendra pas car sa peur de l'avion prendra le pas sur sa curiosité. Nous nous rendons au Rockefeller

Plaza. Pour ceux qui ne connaissent pas, c'est là où on voit les gens patiner devant le grand sapin de Noël au moment des fêtes de fin d'année.

Nous nous présentons devant le bureau de Lorne et son assistant nous dit qu'il n'aura pas plus de dix minutes à nous accorder. Alain et moi sommes un peu flippés, très tendus même, très très très tendus, car nous nous apprêtons à rencontrer le géant. On nous fait entrer en nous répétant qu'il n'a que dix minutes.

Très vite nous expliquons à notre hôte que nous aimons particulièrement un film qu'il a écrit et que l'on a diffusé pendant *La Nuit la plus nulle* sur Canal + et qui se nomme *Three amigos*. Nous connaissons les dialogues par cœur, on lui sort ses répliques. Il est aux anges. Et là avec un accent inimitable comme celui de Dr Evil dans *Austin Powers*, il nous dit : « Would you like a tour of the studio ? », traduction : « Voudriez-vous visiter le studio ? »

L'invité de la semaine était Spike Lee, le *special guest-star* Michael Jordan et l'invité musical Run DMC. Ce jour-là c'étaient eux qui répétaient et nous avions eu le droit d'aller les croiser, de leur serrer la main. Alain et moi découvrons ce qu'est le *Saturday Night Live* : sept décors construits, une foule d'auteurs, d'acteurs, de caméramans, d'artistes, tous au service d'un truc : faire rire.

Pour la première fois nous pénétrons dans l'industrie de la connerie et nous sommes totalement béats. Il faut savoir que cette émission en est à sa 17e saison. Tout est répété au cordeau et souvent des gens ressassent pendant une semaine un sketch qui va sauter à la répétition générale.

Nous sommes sous le choc, réalisons à quel point le diable se cache dans les détails et qu'on ne peut rien laisser au hasard. Bizarrement c'est une habitude que nous avions prise avec Les Nuls de tout écrire et de ne rien improviser, a fortiori sur *Les Nuls, l'émission.*

Nous avons été invités à regarder le show depuis le bureau du producteur dont les baies vitrées donnaient directement sur le plateau. On nous a servi du bordeaux, on nous a traités comme des stars, on savait à peine comment on s'appelait. Et pour remercier Lorne, nous lui avons offert… un blouson de *Les Nuls, l'émission,* sachant que nous étions en train de piller son show toutes les semaines à Paris.

À l'époque il y avait peu de droits de format, nous étions très loin d'Internet et du téléphone portable. Il fallait encore composer le 16 et le 1 si nous appelions Paris de la province. Ce voyage nous a confortés, Alain et moi, dans l'idée que la connerie méritait du sérieux. Tout ce que nous avons fait, même «Je vais chier chez mes voisins» a été écrit et tourné de manière scrupuleuse et ordonnée.

À notre retour on s'est efforcés d'appliquer quelques conseils glanés çà et là pendant notre journée passée sur le plateau. Personnellement je garde une vision émerveillée de la table régie (table sur laquelle se trouve lors des tournages énormément de nourriture). Là-bas on y trouvait des fruits, des donuts, des barres chocolatées, des jus de fruits, des sodas, alors que souvent en France on s'arrêtait à deux Pépito et un Granola moisis.

Nous démarrons la saison 2 de *Les Nuls, l'émission* et nous aurons le droit au 7 d'or de la meilleure émission d'humour de l'année. Pour les plus jeunes, cette cérémonie consacrait les meilleures émissions de télévision, un peu comme les César, mais les 7 d'or ont fait faillite.

Je me souviens d'être rentré chez moi, après cette soirée, fatigué, épuisé, commençant à avoir des fourmis dans les jambes, dans le dos, à la nuque. J'ai besoin de repos. Du moins c'est ce que je crois…

Mon ami Henri de Lorme m'invite au baptême de son fils. J'ai beaucoup de mal à marcher mais impossible de lui faire faux bond. Je fais donc la fête comme il se doit. Son père, qui est médecin, vient me voir. Il trouve que je marche mal, et ce n'est pas normal selon lui. Je lui réponds que j'ai quelques douleurs dorsales, que j'ai déjà consulté et qu'il semblerait que ce soit une sciatique, que j'ai pris des analgésiques, mais que c'est chiatique. Je crois le faire rire en enchaînant ces rimes, il ne sourit même pas. «Quelque chose ne tourne pas rond Dominique», me dit-il avant de me conseiller d'aller voir un neurologue.

Je ne réalise pas qu'il est en train de me dire de consulter un spécialiste du cerveau donc je souris, lui tape sur l'épaule et gobe un petit-four en fixant la piste de danse noircie de gens qui swinguent. Aucune alarme ne retentit dans mon crâne, rien ne s'embue, mon cœur ne se crispe même pas. Je suis dans un déni total. D'autant que je ne crains rien sur le plan de la santé. J'ai un bon sang, mon père est très bien portant pour ne pas dire sacrément costaud, ma mère est en surpoids, même en excès pondéral fort, allez n'ayons pas peur des mots, presque obèse, mais ils n'ont jamais eu de problèmes médicaux. Donc je ne m'inquiète pas de mon sort. Je ne fais rien pendant des semaines. Je continue à travailler, à sortir, à manger, à boire plus que de raison. Et à me droguer.

J'ai cependant de plus en plus mal aux jambes : mal quand je veux me baisser, mal quand je me couche, quand je me lève et souvent des fourmis dans le bas du corps. Je repense au père de mon ami, à son invitation à consulter un neurologue. J'en discute un jour avec une fille qui travaille avec nous sur l'émission. Je ne sais pas pourquoi c'est à elle que je confie mes interrogations sur ma santé, à moins que ce soit parce qu'il est souvent plus simple de parler à un inconnu qu'à tout autre. On évite ainsi l'affolement, l'inquiétude, et la peine, surtout, celle qu'on verra forcément dans les yeux de ceux qui nous aiment.

Elle me dit qu'elle connaît un excellent neurologue justement, le professeur Pertuiset, qui exerce à l'hôpital américain. Elle m'indique cet établissement parce que là-bas ils ont l'habitude des personnalités publiques, on y reste anonyme, me dit-elle.

Je traîne encore quelques semaines avant de prendre rendez-vous, officiellement parce que je manque de temps. On écrit, on tourne, on enregistre, on fête, on n'arrête pas avec Chantal et Alain, à qui je ne parle de rien de ce qui m'atteint. Je ne vois de toute façon pas quoi leur dire, je suis loin d'imaginer que mon sol va devenir glaise.

J'ai vingt-huit ans, rien ne m'arrivera, j'en mettrais ma main à couper. Et je la garderais. C'est ma jambe qui partira, pas mes doigts. Mais on n'en est pas encore là.

Je prends rendez-vous avec le professeur Pertuiset. Je n'ai pas peur en entrant dans son cabinet. Je me dis que lui, comme le dernier médecin que j'ai vu, palpera mes épaules, mon bassin, glissera son poing sur ma colonne vertébrale, me fera esquisser quelques mouvements, marcher un peu, et en déduira que c'est le mal du temps, le mal de dos. Il fait ces gestes-là mais y ajoute une quantité d'examens, « à faire au plus tôt ». La liste est longue, m'étonne, je n'ai toujours pas peur, mais je m'exécute.

IRM, scanners, tests sanguins, rien n'est oublié ou relégué à plus tard. Tout est étudié, absolument tout. J'ai l'impression d'être un cobaye offert à la science. Même les maladies vénériennes les plus graves sont envisagées et contrôlées. On me fait des trucs sympas comme me prélever de la moelle épinière, deux fois même, dont une sans anesthésie. Pour donner une idée précise de l'expérience, il faut imaginer sauter en parachute. Sans parachute. Voilà, c'est ça.

Pendant un an, je suis piqué, couché, inoculé, redressé, injecté, tourné. À bout. De tout. Mais c'est une bluette à côté de ce qui va maintenant se passer.

« Vous avez une sclérose en plaques, monsieur Farrugia. »

Aussi étonnant que cela paraisse, je ne réagis pas. Je ne suis pas tétanisé par l'annonce, j'ignore de quoi parle le professeur.

Je le regarde, statique sur ma chaise, attendant la suite comme on le fait après les bandes-annonces dans une salle obscure. J'attends sans crainte car son corps n'envoie aucun signal d'effroi. Rien dans ses yeux non plus n'indique l'appréhension ou le tracas, il est stable, ne fronce ni les sourcils ni les lèvres, ne penche pas le visage de côté, comme le font ceux qui ne veulent pas tout dire mais espèrent cependant qu'on les comprenne. Il n'est pas froid mais sans affect, clinique, un médecin dans la plus pure tradition. Un médecin qui m'annonce que maintenant, il va falloir confirmer le diagnostic.

Il noircit une prescription en énonçant à l'oral ce qu'il est en train de rédiger à la vitesse de son stylo. Je regarde sa main, m'accroche à son phrasé : re-fai-re des IRM de con-trô-le. Il tourne la feuille vers moi, je me dis qu'il a bien fait de tout articuler : son écriture est également celle d'un médecin de la plus pure tradition, entendez impeccablement illisible.

Cette fois, je ne traîne pas à prendre les trois rendez-vous médicaux prescrits. J'ai envie d'en finir avec les examens, voilà pourquoi je les fixe à vive allure. Je ne pose aucune question aux techniciens le jour du premier contrôle. Je me déshabille, pose mes affaires dans la salle attenante à celle de l'exploration, entre sans demander où aller ou comment me positionner, je sais tout cela par cœur. Un infirmier, en tout cas un homme blousé de bleu de la tête aux pieds, marche dans mes pas, me demande si je vais bien, si je suis prêt, et m'explique ce que je n'ai pas demandé, à savoir qu'il s'agit là d'évaluer la puissance de mes poussées. Je décroche un instant, m'imaginant aux toilettes ou en salle d'accouchement, souris avant de me reprendre. «Les poussées, ajoute-t-il, ce sont les crises, monsieur. Et nous allons les mesurer.» Tout se déroule parfaitement la première et la seconde fois.

La troisième IRM en revanche, c'est une autre histoire…

Je fais comme d'habitude, j'ôte mes vêtements, enfile ma tenue, sors du vestiaire et m'installe sur l'étroite table qui m'enfoncera tout entier dans le tube, juste après la pose de la voie intraveineuse. L'examen démarre, tout se passe bien jusqu'à la fin, trente minutes plus tard. Je ne pense à rien pendant ce temps-là, je ferme les yeux, cherche le sommeil, ou du moins le repos. Je me redresse dès la sortie du tunnel, essaie de trouver la plus petite marche avec le pied pour descendre sans tomber et entends cette voix maintenant familière bien que jamais la même, qui m'enjoint à me rhabiller.

Comme c'est ma dernière IRM, j'ai envie de saluer de façon plus appuyée que d'habitude les techniciens derrière la vitre. Je lève les yeux vers la cabine où ils sont réunis, distingue mal ce qui s'y passe mais perçois des mouvements. Une femme recule sur une chaise forcément montée sur roulettes, se prend la tête entre les mains, baisse le regard, souffle en hochant de gauche à droite. Je la scrute, la détaille, apeuré comme jamais. Elle m'a sûrement trouvé un truc terrible, un mal incurable, jamais plus je ne sortirai de cet hôpital, que dis-je, de cette salle.

Je veux en avoir le cœur net, rassemble toutes mes forces pour avancer jusqu'au vestiaire, les jambes chancelantes, les tempes battantes, en continuant de la dévisager alors qu'elle ne m'envisage à aucun moment. Je ne ferme pas la porte de ma cabine, agrippe mes vêtements en palpant le banc à l'aveugle pour ne rien rater des mouvements de la technicienne. J'arrache ma blouse, balance mes surchaussures d'un coup de pied, passe ma chemise sans la boutonner, n'en tiens pas les manches avant d'enfiler mon pull par-dessus, propulse mon dos contre le mur pour ne pas glisser pendant que je passe mon pantalon, prends mes chaussures – je les mettrai plus tard. Là, je veux savoir ce qu'il se passe. Je traverse la salle d'examens, monte les trois marches qui mènent à la cabine, regarde la femme et lui dis : « C'est grave, n'est-ce pas ? » Elle me fixe, l'air ahuri : « Non, pour vous ça va, c'est moi, je n'ai plus de baby-sitter pour ce soir, mon dîner est foutu ! »

Quand le professeur Pertuiset me confirme que j'ai une sclérose en plaques, je reste immobile, comme lors de son premier diagnostic. Il revient sur la raison de ma visite originelle, sur le fait que je marche de plus en plus mal, que je ne peux plus hâter le pas, plus me courber et que j'ai mal aux jambes de façon récurrente. Je l'écoute détailler mes maux fixement, et attends la suite du menu, car je ne sais pas plus aujourd'hui qu'il y a des semaines ce qu'est une sclérose en plaques. Comme il n'embraye pas, je lui pose une question : « Est-ce que vous pensez que je pourrai courir à nouveau un jour ? » Il me sourit, l'air de dire : « Mais peut-être que dans trois ans tu ne marcheras plus mon gars ! » Je le quitte sur cette attitude, sans réponse quant à ce qu'il va maintenant se passer.

Pour comprendre le fait que je ne questionne pas davantage le docteur, il faut se souvenir de l'éducation que mes parents m'ont donnée.

Quand mon professeur de collège dit à ma mère que je dois redoubler ma classe, elle se conforme à sa décision sans parlementer. C'est ainsi que j'ai été façonné, l'obéissance pour colonne vertébrale. Rien ne se débattait chez moi, rien ne se discutait non plus, d'ailleurs. Ni dans notre maison ni hors de ses murs, et encore moins avec un représentant de l'autorité comme un maître d'école, un directeur d'établissement ou un docteur. Leur seul titre rendait leurs décisions incontestables. Voilà pourquoi jamais je ne me serais permis de revendiquer la moindre explication auprès du professeur Pertuiset. Jamais.

La relation patient-malade a complètement changé aujourd'hui. Notre époque est dans le questionnement permanent, sur toute chose. La blouse blanche n'implique plus le respect et moins encore la retenue. On interroge, on dépiaute, on exige compréhension, traduction, communication, en un mot. Il en est de même avec tout responsable, avec tout sachant. J'interroge aujourd'hui autant que possible n'importe lequel de mes congénères, je fouille et trifouille jusqu'à obtenir des réponses, mais à l'époque où j'apprends que je suis atteint d'une maladie incurable, l'usage n'est pas de s'informer mais de se conformer.

Autre différence de taille entre hier et aujourd'hui : Internet. En 1991, lorsque ma sclérose en plaques m'est révélée, la Toile n'existe pas. Il m'est impossible de me renseigner, d'enquêter et même d'échanger sur ce thème. Le Web et ses forums de discussions naîtront bien plus tard. J'ai bien un Minitel quand j'apprends que je suis malade, je ne peux cependant y chercher que des numéros de téléphone, verts, parfois roses… mais sûrement pas d'information.

C'est une chance que le Net n'existe pas, car cela m'évite un vent de panique auquel je n'aurais pas coupé si j'avais découvert ce qui m'attendait : les ténèbres.

Ignorant de la gravité du mal qui m'affecte, je continue à vivre comme s'il n'existait pas, ou presque. Sauf le dimanche, parce que ce jour-là, j'ai bien conscience de ne pas être taillé dans la même matière que Superman : c'est le jour où je prends de la cortisone.

À cette époque, il n'existe aucun autre médicament pour soigner la SEP, c'est donc ce que me prescrit le professeur Pertuiset. Au-delà de l'indescriptible souffrance que j'endure, je deviens fou de rage. La cortisone a pour effet secondaire d'énerver comme on peut difficilement l'imaginer. Chaque dimanche donc, je m'enferme à la maison, seul, pour pouvoir repartir le lundi, comme si de rien n'était.

Personne ne voit pour l'instant que je suis atteint. J'ai bien parfois quelques vertiges, mais les passants qui me reconnaissent dans la rue mettent cela sur le compte de ma réputation, supposée en tout cas : celle que je vacille car je suis saoul. J'en ai croisé des gars, médaille d'or de crétinerie, qui me balançaient, hilares : « Ouais, encore bourré Farrugia ! Tu titubes ! »

Jamais je ne répondais à ces attaques. Opposer ma colère à leur imbécillité aurait donné lieu à un face-à-face entre deux bêtises. Et je n'ai plus le temps pour cela.

Je n'en ai que pour continuer à mener la vie que je veux et mon travail à bien, en premier lieu. Parce que de ce côté-là, tout marche à la perfection.

La seconde saison de *Les Nuls, l'émission* touchera à sa fin dans deux mois, en juin, et nous nous en réjouissons. Pas de quitter le petit écran, mais de le troquer pour le grand, un rêve que nous portons tous les trois, tous les quatre même, depuis la nuit des temps. Parce qu'on caressait déjà ce rêve quand Bruno était encore des nôtres. Depuis *Objectif Nul,* nous rêvions de faire un film. Cette idée ne nous a jamais quittés. Combien de fois on a pu parler de cinéma, de mise en scène, de films comparés les uns aux autres, des frères Zucker et Jim Abrahams, les auteurs et réalisateurs de *Y a-t-il un pilote dans l'avion?,* film référence pour nous, de leur manière d'aller au bout des gags! Tout d'abord tous les quatre, puis nous trois, nous avions une folle envie de faire du cinéma.

Et en 1992, on a l'impression d'avoir fait le tour de nos désirs télévisuels et d'être maintenant prêts à faire le grand saut. L'idée émane d'Alain. Il a envie de tourner un faux documentaire sur un tueur en série qui sévirait à Cannes en plein festival. En en parlant tous les trois avec Chantal, on décide d'être plus ambitieux et d'en faire un long-métrage.

Pour nous, à l'époque, tout était simple car la télévision nous ouvrait beaucoup de portes. Il n'y a qu'une porte qui ne s'ouvrait pas : celle du bureau des producteurs, car personne n'avait réussi à transformer l'essai du passage du petit au grand écran. Donc pour faire un film il faut un producteur et nous voulons le meilleur : j'ai nommé Claude Berri. Nous en parlons à Pierre Lescure qui l'appelle et lui demande un rendez-vous. Il nous répond immédiatement par une invitation à dîner. Ce fut un tel choc qu'après ça je ne me souviens plus de rien. Une sorte de micro-black-out. Nous allions rencontrer Claude Berri !

Le Jour J arrive et nous nous dirigeons tous les trois en taxi vers la rue de Lille où il habite. Je pense, qu'à part avoir donné l'adresse, je n'ai pas dû dire grand-chose de plus. Chantal devait rire comme elle rit lorsqu'elle a le trac. Alain lui ne disait rien… souvent il ne dit rien. Nous arrivons. Y a-t-il un code? Un interphone? Tout ce dont je me souviens, c'est que c'est au dernier étage. Et que nous avons lentement monté les marches.

On entre dans son appartement, spectaculaire, immense avec ses murs recouverts de toiles. Je m'y connais un peu en art. Pierre Lescure, en plus d'avoir fait ma culture en littérature, m'a affranchi sur la peinture contemporaine. Je suis impressionné, étourdi de ne savoir où donner de la tête. Je donnerais cher pour une visite guidée, mais l'hôte des lieux nous attend « dans la salle à manger », dit l'employé de maison nous ouvrant le chemin, qui me paraît sans fin. On marche tous les trois tranquillement, mais le calme n'est qu'apparent. Je vois bien que Chantal serre frénétiquement l'anse de son sac à main, et qu'Alain réajuste sa veste à chacun de ses pas. On s'arrête à l'embrasure de la double porte en bois, attendons le signal de M. Berri pour le rejoindre, ce qu'il fait d'un geste de la main dès qu'il nous voit.

« Asseyez-vous », nous dit-il. Nous prenons place autour de la table, dînons. Je crois qu'on en est au dessert, quand il nous fixe un à un, sourit et prononce ces mots que jamais je n'oublierai : « Si on décide de faire ce film, je ne veux pas un succès, je veux faire un triomphe ! » Et moi ce que je veux, là tout de suite, c'est un calmant, ou un verre, parce que je suis au bord du malaise. Je me dis que si un jour j'écris un livre sur le thème de la pression, je mettrai cette phrase en introduction. Chantal et Alain ne font pas non plus les fiers, chacun mange du bout des lèvres, sans lever la tête de son assiette. Quiconque nous aurait vus tous les trois autour de la table colossale à cet instant aurait juré qu'on venait de nous dire qu'on était de très très vilains garnements.

Grâce à Dieu, à Claude donc, la suite de la soirée est plus détendue. Il nous demande de parler du scénario de notre film, ce qu'on fait avec entrain. Moi je décolle souvent de la discussion, je parle au gamin de Pigalle que j'étais il y a si peu de temps, et je lui dis : tu vois, je suis là ! Tu n'aurais pas parié que je tutoierais les sommets ! Tu croyais que tout s'écrirait sous l'aile de l'hérédité, n'est-ce pas ? Eh bien tu te trompais.

J'avais envie que le temps passe vite, on en avait tous les trois envie je crois, parce qu'on était tétanisés à l'idée de décevoir Claude Berri à un moment ou à un autre, mais maintenant qu'il était l'heure de le quitter, j'avais la poitrine serrée. Et très envie de l'embrasser, de lui dire carrément que je l'aimais, ce qui se confirmerait plus tard…

J'ai beaucoup appris de ce géant. Il était pour moi *bigger than life*, comme disent les Américains. Plus grand que la vie oui, indiscutablement, et la culture chevillée au corps. Et je ne parle pas que de cinéma, mais de tous les arts. C'était un extraordinaire collectionneur de peintures, sculptures, de tout ce qui peut être qualifié de beau. Je me souviens lui avoir un jour demandé quelle était sa plus jolie acquisition et il m'a répondu : « Mon chéri, j'en ai tellement ! » et c'était vrai. Sa maison aurait fait saliver les conservateurs des plus grands musées du monde. La passion de Claude n'était pas feinte, pas portée par un désir d'étaler, sauf le talent des autres.

Quel dommage qu'il n'ait pas su capter le nôtre.
À moins que ce soit parce que nous n'ayons pas su lui expliquer notre projet. Oui, ce doit être pour cela qu'il n'a finalement pas produit notre film *La Cité de la peur*. Parce que nous savions parfaitement ce que nous voulions tourner, avions le rendu en tête, mais l'énoncer, quelle difficulté...

Notre scénario était truffé de choses incongrues, l'exemple le plus frappant étant celui d'une poursuite sur la Croisette qui était interrompue au milieu par :

« Pendant ce temps à Vera Cruz »

INTÉRIEUR JOUR, PETITE ÉPICERIE MEXICAINE

Le vendeur
Avec ceci ?

La cliente
Ce sera tout merci.

La poursuite redémarre.

C'est vrai qu'il fallait être un peu dans notre tête pour comprendre ce qu'il se passait… Raconter l'histoire d'un serial killer pendant le Festival de Cannes où chaque personne tuée termine par « Ça va couper chérie », c'est sûr que ce n'était pas une lecture facile…

Lorsque le bureau de Claude Berri nous a appelés pour nous dire qu'il ne continuerait pas la production du film, nous étions extrêmement tristes mais ce n'est pas pour ça que nous allions nous arrêter. D'autant qu'on savait par ailleurs qu'il était sur un tournage compliqué, celui du film *La Reine Margot*. Il en est le producteur, et de ce qu'on en comprend, il s'arrache le peu de cheveux qui lui restent. J'ignore pourquoi mais j'imagine que participer à une si grosse réalisation demande du temps, beaucoup d'argent et autant de maîtrise de soi, ce qui doit être le cas pour tout film historique, a fortiori avec un casting si riche : Isabelle Adjani, Daniel Auteuil et Jean-Claude Brialy, pour ne citer que ces géants.

Bref, on doit faire avec cette désertion.

Comme d'habitude, le seul vers lequel nous pouvons nous tourner, c'est Pierre Lescure. Il nous reçoit sur-le-champ. Pour lui, le seul à pouvoir produire ce film à la place de Claude Berri est Charles Gassot. Charles était l'un des plus grands producteurs de l'époque. C'est l'un des seuls à avoir eu en même temps deux films projetés sur les Champs-Élysées. Dans une salle, *Tatie Danielle,* dans une autre, *Le bonheur est dans le pré.* Il avait eu l'intelligence et la préscience de faire passer un réalisateur de publicités, Étienne Chatiliez, à la réalisation de longs-métrages. Il réalisera *Tanguy*, *La vie est un long fleuve tranquille* et beaucoup d'autres succès. C'est aussi vers Charles que se tourneront Jean-Pierre Bacri et Agnès Jaoui pour produire *Le Goût des autres* et *Un Air de famille.*

Je me souviens parfaitement de la discussion de Pierre avec Charles, sur haut-parleur. Le premier dit au second qu'il aimerait savoir si cela l'intéresserait de produire *La Cité de la peur*, le premier film de la bande des Nuls, tu sais, ce groupe comique... Charles interrompt Pierre, lui dit qu'il sait parfaitement qui nous sommes. Il a deux enfants qui ont grandi en nous regardant. Tout d'un coup on voit la lumière au bout du tunnel. Nous espérons qu'il comprendra, en lisant le scénario, que lorsque nous intégrerons une fausse pub pour une Renault en disant «Renault Safrane, une voiture qu'elle est bien pour la conduire», c'est une blague et pas une faute de français.

Pour la petite histoire, lorsque nous ferons l'avant-première de *La Cité de la peur*, nous retrouverons Claude Berri assis à côté de nous. Quand la lumière s'est rallumée, il nous a pris dans ses bras et nous a dit : «J'ai été con, je n'avais rien compris.» C'est Claude Berri qui produira *Didier*, *Astérix et Obélix : Mission Cléopâtre,* les deux premiers films d'Alain Chabat.

Une dernière anecdote sur cette projection : la maman de Philippe Chany, qui avait composé la musique du film, a dû aller aux toilettes pendant la projection et s'est trompée de salle à son retour. Après dix minutes de visionnage elle s'est dit : «Là ils vont beaucoup trop loin.»

Après cette discussion, on se félicite, on remercie Pierre bien sûr, et on file dans notre bureau. On se prépare pour le rendez-vous à venir avec Charles Gassot, on réécrit ce qui ne nous paraît pas assez clair, on détaille, on développe tout. Et on s'entraîne à l'expliquer.

On est préoccupés le jour de l'entrevue. On sourit quand on s'approche de Charles, on lui serre la main gentiment, mais à l'intérieur, on est détendus comme des gars qui partent pour le front. La discussion prend cependant une bonne tournure. On lui explique le déroulé du film, l'enchaînement des scènes, on pose le décor, et comme il a l'air de tout comprendre et de tout approuver puisqu'il hoche la tête de haut en bas continûment, on étire notre imagination, pour voir jusqu'où il nous suivra. Apparemment, partout où on ira. À une exception près, concernant le choix du metteur en scène, ou plus précisément *des* metteurs en scène, parce qu'il a en tête que nous assumerons cette fonction.

On le détrompe sur-le-champ, arguant que c'est notre premier long-métrage, qu'on a envie de se concentrer sur nos personnages et sur notre jeu. On le voit réfléchir, se caresser une barbichette imaginaire ; j'enchaîne en lui disant que nous avons en revanche l'homme idéal pour réaliser *La Cité de la peur* : Alain Berberian. Il ne s'y oppose pas fermement mais il a l'air aussi emballé que si j'avais tenté de placer mon carreleur.

J'ajoute qu'Alain nous connaît comme personne (excepté nos mamans), qu'il est avec nous depuis les débuts, qu'il a tourné tous nos sketchs, tous nos plateaux, qu'on parle la même langue. Pas l'arménien, mais le Nul. Que vraiment, Charles, soyez certain que vous vous féliciterez de ce choix. Il souscrit d'un geste de la tête, la moue un chouya interrogative quand même. On a droit à la même de la part d'Alain Berberian quand on lui annonce qu'il est propulsé réalisateur de *La Cité de la peur*.

Maintenant que le socle de l'équipe est constitué, Charles convainc AMLF de nous distribuer et nous présente Dominique Brunner. Elle sera notre directrice de production, c'est-à-dire celle qui tiendra les cordons de la bourse et mettra en place le calendrier de tournage, ce qu'elle fait d'une main de maître. On a pour ordre, elle et nous, de ne pas faire un film trop cher mais, ça va de soi, de qualité, et c'est indiscutablement grâce à elle que nous y parvenons. La rencontrer est un événement majeur pour moi, puisque je produirai ensuite avec elle une vingtaine de films sur les trente que je financerai.

Maintenant on caste. Ou plutôt on ne caste pas, on décide que Bruno Carette apparaîtra, et on choisit de le montrer dans une séquence d'archive. Et puis on prend tous nos amis pour jouer dans le film. On connaît un tas de monde parce qu'on a eu une foule d'invités prestigieux sur *Les Nuls, l'émission*. Donc on appelle tous ceux qu'on aime, avec qui on a tissé des liens privilégiés, et ils acceptent. Jean-Pierre Bacri, Valérie Lemercier, Daniel Gélin, Tchéky Karyo, Sam Karmann, Hélène de Fougerolles, Dominique Besnehard, Michel Hazanavicius et bien sûr Gérard Darmon, qui tient l'un des rôles principaux. On le choisit lui pour jouer le commissaire enquêtant sur le tueur en série, parce qu'on sait qu'il va l'interpréter avec le plus grand sérieux, que de là naîtra le décalage qui provoquera les rires en salle. Sur le tournage aussi, on s'est tellement amusés sur le plateau avec lui qu'on en avait des crampes d'estomac.

Comme le jour où on a demandé à Eddy Mitchell de participer, ce qu'il a accepté de faire en une seconde chrono. C'est Alain Chabat qui lui téléphone pour lui parler du rôle qu'on aimerait qu'il incarne. Il lui dit : « Eddy, on te propose un rôle muet et tu meurs au bout de trois minutes ».

Il répond : « Hmm... ça sent le César ! »

Le tournage dure dix semaines il me semble, peut-être un peu moins, mais en tout cas longtemps. C'est un film difficile à faire, parce qu'il y a beaucoup de scènes à tourner de nuit, et que le jour, on travaille à peaufiner les dialogues. C'est également dur parce qu'il se déroule au Festival de Cannes, sauf qu'on n'a pas le droit de filmer pendant les vraies réjouissances. Inimaginable d'avoir les autorisations de tournage alors que les stars arpentent le tapis rouge, inenvisageable qu'une bande de rigolos sèment le chaos lors de la remise des Palmes. Donc on recrée la manifestation, le Palais et la foule.

Bon allez je dis la vérité, on a tourné un peu pendant le vrai gala (note à moi-même : ne pas offrir mon livre à Thierry Frémaux, le président du Festival). On a, disons, volé quelques images, pas grand-chose, un plan par-ci par-là. Parce que sinon, le film nous aurait coûté, à Charles Gassot plus précisément, le prix d'un James Bond.

J'insiste pour dire que ce sont Chantal Lauby et Alain Chabat qui ont eu cette idée, que je trouve pour ma part hautement malhonnête. Se filmer, vêtus des costumes du film, noyés dans une foule de célébrités, sur le tapis rouge puis dans une soirée privée était, selon moi, tout à fait condamnable. J'ai été forcé de tourner, et il ne faut en aucun cas se fier à ce qu'on voit à l'écran, même si j'ai l'air heureux comme rarement…

Après le tournage, on passe en montage. Si chaque étape est importante dans un long-métrage, celle-ci l'est plus encore que toutes les autres. C'est à cet instant que le film prend corps, et qu'on doit faire le deuil de certaines séquences. C'est du moins ce que Chantal, Alain et moi pensons : qu'il faut couper, et qu'il faut faire rire. Nous, Les Nuls, nous avions un film en tête, mais Alain Berberian, qui en avait réalisé les images, avait parfois besoin de faire durer les travellings (les mouvements de caméra) rendait le film moins drôle, en tout cas c'était notre avis.

Nous passions notre temps à lui demander de couper. Il fumait deux paquets de Marlboro par jour tellement nous l'exaspérions. Woody Allen a dit un jour : « C'est ennuyeux de filmer des comédies car il faut toujours mettre à l'image celui qui dit la blague. » Alain Berberian ne nous l'a pas dit mais le pensait très fort.

Un jour où nous regardions ensemble la scène de la montée des marches, et où nous lui demandions à nouveau de couper un mouvement de caméra, il s'est levé en hurlant : « Allez-y coupez ! Mais faites un clip !!! Faites un clip !! » Traduction : on est en train de faire un film, pas la vidéo d'une chanson ! Alain Berberian était littéralement fumant ! En plus des clopes, en plus des trente cafés bus dans la matinée, il n'en pouvait plus de nous avoir sur le dos à lui demander de couper sans cesse.

Une fois, alors que le film passait une énième fois à la télé, j'ai continué à regarder, et je n'ai pas zappé. J'ai appelé Alain Chabat, il était d'accord avec moi : la scène de la montée des marches était encore trop longue.

1994, *La Cité de la peur* sort en salles, et nous prenons des dizaines de trains pour en faire la promotion dans tout le pays. À l'époque, on faisait des plateaux télé pour parler de notre film et on avait en plus beaucoup de dates de tournée. La bonne nouvelle, c'est que beaucoup de villes de province voulaient nous projeter (le film, pas nous) et nous recevoir pour un petit discours, une séance de signatures, quelques photos ou un *tchin* par-ci, un *tchin* par-là. La mauvaise nouvelle, c'est qu'il faut une forme de chimpanzé pour courir de train en hôtel, etc.

On est aplatis de fatigue, non écrasés plutôt, non non, désagrégés. En tout cas moi. Bigrement content de ce qu'on vit, mais malade. Et là, je commence à sérieusement le sentir. La marche me fait mal et on parle, durant les quelques semaines que dure la tournée promotionnelle, d'une course folle, alors je le dis ici, ce film, notre film, me fait boire le calice en même temps que la lie. Chaque joie porte sa part de douleurs.

Combien de soirs rentré-je à l'hôtel les jambes courbaturées, ankylosées ? Combien de matins dois-je me faire violence – et c'est un euphémisme – pour réussir à me mettre debout ? Tout, à cette période devient effort. Et fort, je le suis encore, mais jusqu'à quand ? C'est ce que je me demande de plus en plus souvent maintenant. Je n'en parle pas sur le moment, ni à Chantal ni à Alain. Le faire reviendrait à réduire notre voilure, alors que les vents nous portent vers le succès. Je ne leur en parle pas non plus, parce que je sais qu'ils sont au fait de ce que j'endure.

Je leur ai confié le mal qui m'accablait. Je ne me souviens plus si je leur en ai parlé dès le début ou si j'ai attendu, mais en tout cas je les en ai avisés. Ils ont eu la délicatesse de ne jamais m'en reparler, mais je sais bien qu'ils en ont été ébranlés. Aucune scène n'en atteste, aucune larme, ni même un regard baissé, un soupir, rien. Je le sais parce que je riais beaucoup de ma maladie à ses débuts. Ça n'a d'ailleurs pas changé, je continue à le faire aujourd'hui. Mais eux, ça ne les a jamais fait rire.

Plaisanter, pour moi, est une seconde nature, une première même, sans doute. Je me souviens d'un dîner où Chantal, Alain et moi sommes conviés, avec Jamel Debbouze, chez Thierry Ardisson pour une émission qui s'appelait *93, faubourg Saint-Honoré*. Je m'amuse de ma sclérose en plaques, et Jamel, étonné, me demande si je fais de cette affection un show. Je lui réponds qu'il est important pour moi de tourner les choses au comique plutôt qu'au tragique.

La tournée promotionnelle marche du feu de Dieu et les dates n'en finissent pas de s'empiler. Ça me fait repenser à tous ceux qui prédisaient que le film ne fonctionnerait pas. Enfin si, peut-être dans la capitale, mais certainement pas au-delà, car nous étions taxés d'être «trop parisiens». Il y avait également ceux qui nous expliquaient, la main faussement compatissante sur l'épaule, avec le sourire en coin, que personne venant de la télévision n'avait jamais réussi à faire un succès en salles. La raison invoquée était qu'on ne paierait pas pour des gens qu'on peut voir gratuitement sur petit écran.

Qu'il fut bon de détromper tous ces oiseaux de malheur et d'engranger plus de 2300000 spectateurs à la sortie du film ! Et puis que tout le monde en reprenne les répliques :

— Vous voulez un whisky ?

— Oh, juste un doigt !

— Vous ne voulez pas un whisky d'abord ?

Pour ne citer que celle-là.

Les Français ont adoré notre film, le qualifiant de «culte». C'est d'ailleurs toujours le cas aujourd'hui, et on a été classés dans les vingt comédies qui marquaient le XXe siècle, rien que ça ! Et puis après avoir volé quelques images du

Festival de Cannes, on y a été invités, on était comblés ! D'abord sur le plateau de Canal +, bien sûr, davantage parce que la chaîne était fière de nous que parce qu'elle avait mis des billes dans le financement du film. Puis on a été sollicités pour monter les marches du Festival classique, comme on dit. Fouler le tapis rouge que Stanley Kubrick, Sean Connery, Clint Eastwood et tant d'autres stars avaient emprunté, quel vertige !

Un soir, j'ai double ration de bonheur. Maman m'appelle après un plateau télé, celui qu'elle venait peut-être de manger et celui que nous on quittait, sur la Croisette. Elle me dit qu'elle vient de me regarder, qu'elle est fière de moi. Jamais elle ne m'avait dit cela avant, j'en suis resté muet, je ne savais pas qu'elle suivait mes passages télé. Elle ajoute trouver que j'ai l'air bien fatigué. Je la rassure, lui dis que notre rythme est soutenu, mais que franchement, ça va. Je minimise parce que je ne veux pas qu'elle s'en fasse et parce qu'en disant cela, c'est moi-même que je rassure.

Il n'est pas question que cette maladie me coupe les ailes. Je mène l'existence dont je n'aurais jamais osé rêver lorsque j'étais enfant, et rien ne m'empêchera de poursuivre dans cette voie. Pas question de perdre mon travail, je l'aime plus que de raison. Et je sais que j'appartiens à cet infime pourcentage de gens qui vivent de leur passion, voilà pourquoi je prends la décision de ne pas instruire mes employeurs du mal qui m'affecte. Même si je sais que Pierre Lescure et Alain De Greef me chérissent, j'ai peur qu'ils me mettent à l'arrêt ou du moins me demandent de lever le pied, car je suis persuadé que c'est cela qui me tuerait, pas la sclérose en plaques, ça c'est certain.

C'est à cette période que je commence à mentir à ceux qui m'interrogent. Quand parfois, quelqu'un note que j'avance avec difficulté, me demande ce que j'ai ou que je perçois dans ses yeux qu'il s'interroge, je minore le mal qui m'affecte, prétends m'être tordu la cheville ou avoir mal dormi, et on me croit. D'autant que l'affection, à ce moment-là, est encore souvent invisible.

Pas apparente, mais en revanche bien réelle, par la gêne qu'elle m'inflige maintenant de plus en plus fréquemment, quasi quotidiennement. La SEP, ce sont des attaques d'une violence indescriptible, dans le bas du corps pour moi, mais ça peut être ailleurs pour d'autres. Ça peut apparaître comme des pulsations violentes, des crampes, des lacérations à l'intérieur du ventre, des cuisses ou des mollets. C'est ce qu'on appelle des poussées.

Une poussée, c'est comme un feu de forêt, m'explique le professeur Pertuiset que je consulte dorénavant au moins une fois par mois. Il faut bien baliser les chemins et vérifier qu'il n'y ait pas trop de petites plantes partout risquant de s'enflammer afin de pouvoir atténuer l'incendie au mieux. Il ajoute qu'il est aussi impossible de prévoir une crise que de donner la position d'un oiseau en plein vol. J'accepte de ne jamais savoir quand je serai assiégé, il n'y a de toute façon pas d'autre choix.

L'affliction, lors d'une crise, coupe en plus tout le système nerveux. C'est comme s'il tombait dans les pommes, refusant de subir la torture une minute de plus. De là, ma jambe lâche, mes articulations ne plient plus, donc je tombe tel que je suis. Ça m'arrive quelquefois pendant qu'on est à Cannes, mais chaque fois je me relève, sourire aux lèvres, cachant tant bien que mal le martyre que je traverse à l'instant.

Autre effet nouveau de la sclérose en plaques : elle m'empêche de trouver le sommeil, aujourd'hui encore. Voilà qui explique que je dorme grâce à des cachets depuis trente ans. Je passe ces nuits blanches à regarder des films, des séries, et à lire. Ma SEP me permet de me cultiver, de dévorer Tom Wolfe en deux nuits, de découvrir Stefan Zweig, Émile Zola, Victor Hugo… C'est formidable, mais infernal de devoir me lever le lendemain pour aller travailler aussi en forme que si je venais de passer sous un bulldozer.

Et puis il faut compter avec les mauvaises nuits quand il fait trop chaud. Tous ceux qui sont atteints du même mal vivent difficilement les pics de chaleur. S'il fait trente degrés – et au-delà je n'en parle même pas –, c'est insupportable. On éprouve de la difficulté à marcher, à se lever, à bouger, un mal fou à travailler et c'est valable pour l'immense majorité des patients, tous même, sûrement. La fatigue, à mesure que la maladie s'installe, passe de ponctuelle à chronique. J'ajoute à cela que, lorsqu'on s'endort enfin, on ne sait jamais dans quel état on va se réveiller le matin : en pleine forme, ou totalement amorphe. Combien de fois m'arrive-t-il de me sentir bien à un instant T et d'être au fond du gouffre en une fraction de seconde, abattu, épuisé ?

Et je ne parle pas des autres maux pouvant s'ajouter au mal majeur. La sclérose en plaques m'ouvre grand la porte à toute bactérie, tout virus qui passe. Pas l'Ebola, je fréquente peu de chauves-souris. Pas non plus le virus Marburg, je manipule rarement des singes morts, mais je suis bon client, comme tous ceux atteints de cette plaie, pour beaucoup d'autres. Il m'arrivera forcément, au cours d'une année, d'être plusieurs fois cloué au lit avec trente-neuf de fièvre. Et chaque hiver, j'ai rendez-vous avec Miss gastro-entérite. Je lui demande chaque fois de venir quand je suis chez moi, mais elle préfère me faire la surprise de sa visite, ce qui naturellement me réjouit quand elle survient en plein tournage ou déjeuner de travail…

Puisque je parle de désagréments de ventre, j'ajoute que la sclérose en plaques engendre des problèmes de digestion et des troubles de l'estomac. Aller à la selle tourne à l'épreuve de force, les muscles ne sont plus les mêmes, on ne défèque pas de la même manière.

Et comme j'ai décidé de tout dire, parlons maintenant des problèmes urinaires. Ils sont fréquents, et j'en ai fait l'amère expérience. Il m'est arrivé une fois d'uriner sur moi, en public, à Cannes, au milieu de gens de cinéma. J'ignore si ceux qui m'entouraient alors ont remarqué quoi que ce soit, mais je me souviens du sentiment de honte qui m'a envahi. Et de panique, car je n'étais déjà plus maître de ma motricité. J'ai fini par réussir à m'extraire des rires, aller me laver et me changer, mais ce fut un moment parmi les plus effroyables que j'aie jamais vécus.

Dans la longue liste des délices accompagnant cette maladie, il y a aussi tout ce qui se détraque dans le corps : des foules de choses, et j'englobe là tous les malades, parce que je sais que nous sommes tous concernés. Aucun d'entre nous ne peut échapper au fait qu'il va avoir du mal à marcher et, à plus ou moins long terme, ne pourra plus du tout courir. Mais il peut arriver que la maladie touche les yeux, et que d'un coup, l'on soit aveugle d'un œil. La parole peut également être affectée, alors on articule comme un type qui aurait huit grammes d'alcool dans le sang. Les membres supérieurs et inférieurs peuvent être empêchés dans leurs mouvements. Moi, ça a condamné ma jambe gauche en premier.

Pour finir de brosser ce tableau, j'ajoute que la SEP peut provoquer des problèmes sexuels. Cette maladie est une touche-à-tout. J'ai échappé à cette complication, je le dirais si j'avais pâti de cela, parce que j'ai décidé de tout révéler dans ce livre. Je le sais pour avoir échangé sur le sujet avec d'autres malades, et m'être dit que, finalement, j'étais chanceux que cette saleté ne m'ait pas tout ravi. D'ailleurs, elle n'a pas non plus entamé ma capacité de travail. Si elle prend mes mouvements, jamais elle ne réussit à me subtiliser mon énergie. Au contraire, elle la décuple. Il faut savoir que je suis prédisposé à l'oisiveté. S'il existait l'équivalent des Alcooliques Anonymes pour les fainéants, soyez assurés que j'en aurais été membre, du moins jusqu'au jour où je suis tombé malade.

Nous sommes en 1994. Alain, Chantal et moi décidons de mettre un terme à notre association. Nous avons, tous les trois, envie de continuer à faire du cinéma, mais chacun veut à présent voler en solitaire. Nous l'annonçons ensemble à Pierre Lescure et à Alain De Greef, qui semblent déjà le savoir puisque cette fois, aucun d'entre eux ne nous retient. Au contraire, nous quittons Canal enveloppés de bienveillance, d'accord sur le fait que tout projet leur sera montré en premier.

J'ai une idée de scénario et le titre du film que je veux réaliser déjà en tête. Je voudrais l'appeler *Delphine 1 – Yvan 0*. J'ai déjà dit que c'était AMLF qui avait distribué *La Cité de la peur* mais pas que j'avais beaucoup aimé son patron, Richard Pezet. D'abord parce que j'apprends beaucoup à son contact sur le cinéma, mais pour d'autres raisons, moins, comment dire… classiques.

Allez ! Je me lance : il est très bel homme, grand, mince, toujours tiré à quatre épingles, et, pour parfaire le tableau, il a un très bel accent marseillais. J'aimais tellement sa façon d'articuler les mots, de tous bien les détacher les uns des autres que lorsqu'on avait des réunions avec lui pour notre film, je faisais en sorte de lui poser plein de questions pour qu'il parle le plus longtemps possible. En fait, si je devais résumer, je dirais que dès que je l'ai rencontré, je n'ai plus eu qu'une ambition : être lui.

Je lui téléphone, lui demande s'il aurait quelques minutes à me consacrer car j'ai envie de lui parler d'un projet. Ce jour-là, il est comme d'habitude assis derrière sa grande table de bureau, souriant et avenant. On bavarde un peu, mais pas de la pluie ou du beau temps, parce que j'ai oublié de dire que cet homme n'aborde que des sujets intéressants, ce qui le rend encore plus séduisant à mes yeux. On en vient à ce qui m'amène : le film que je projette de réaliser. Je ne tourne pas autour du pot, lui dis que j'aimerais tourner une comédie romantique filmée à l'épaule et commentée par Thierry Roland et Jean-Michel Larqué.

Il éclate de rire et me demande, dans le même souffle, combien je veux. Je lui réponds que je ne veux pas d'argent, que je voudrais en revanche aller écrire le film à Los Angeles avec Michel Hazanavicius, mon copain d'enfance, le frère de Serge, celui chez qui je vivais à mes débuts chez Canal +. Pourquoi Michel ? Parce que je sais qu'il a envie d'écrire des films, et que je pressens qu'il a la virtuosité des plus grands.

Richard me tend une main que je serre en mettant la seconde par-dessus, pour marquer ma gaieté et ma reconnaissance. Je savais que c'était quelqu'un de simple, franc, qui ne demandait, malgré sa situation élevée, aucune courbette à ses interlocuteurs. Mais j'étais quand même époustouflé qu'il accepte le projet sans avoir plus de détails qu'un résumé d'une phrase. J'ajoute qu'à ma grande chance, ce n'était pas la même époque. Aujourd'hui, un réalisateur qui voudrait monter son premier film a intérêt à être armé, de patience et psychologiquement, parce qu'il va devoir passer à la questionnette d'un comité composé de gars qui, pas toujours mais souvent, s'y connaissent autant en cinoche que moi en tectonique des plaques. Dans les années 1990, le cinéma n'est pas encore aussi industrialisé qu'il l'est aujourd'hui et ce sont les projets qui emportent l'adhésion, pas les recettes supposées à venir.

Richard Pezet accepte de me suivre et nous voilà, Michel et moi, trois mois dans un super hôtel, le Château Marmont, bungalow n° 9, dans lequel est mort John Belushi… à rédiger *Delphine 1 – Yvan 0.* Michel sait que je suis atteint d'une sclérose en plaques, mais la maladie semble se mettre en veille pendant ces semaines, à moins que ce ne soit moi qui la fasse taire tant je suis emballé par le scénario qu'on doit écrire. Nous sommes en tout cas prolifiques, lui et moi, dès les règles de travail fixées. Nous décidons qu'on travaillera tous les jours ouvrés sauf ceux des fêtes nationales françaises. Michel sait que je suis malade mais il ne sait pas une chose : je suis un gros fainéant. Il ne sait pas que je peux regarder une mouche voler pendant plus de deux heures. Que si je ne me force pas à écrire au bureau, je peux me transformer en pyjama vivant, me lavant peu, et me nourrissant uniquement de choses plates qui passent sous la porte. Crêpes, pizzas, pain pita si je suis en Grèce.

Pendant les trois mois que durent la rédaction du scénario, on se lève chaque jour à neuf heures, on prend notre petit déj et on entre en cabine pour écrire. À treize heures, pause de soixante minutes pour avaler notre déjeuner, un plouf dans la piscine, et on remonte pour œuvrer jusqu'à dix-huit heures. À partir de là, on s'autorise à lever le pied, on sort dîner et boire, souvent dans des verres percés, ce qui explique qu'on ne rentre pas forcément debout de nos virées.

J'ai adoré ce travail avec Michel, et plus encore imaginer ce que j'allais tourner à partir de là. Je passe sur le casting, pour la bonne raison que tous les acteurs que je sollicite disent oui : Serge Hazanavicius jouera Yvan, parce que sinon son frère Michel et moi lui péteront la gueule, Chantal Lauby et Alain Chabat, parce qu'il est inimaginable de faire mon premier film sans ma bande, Alex Pesle et Fabrice Benoît, pour les mêmes raisons, Lionel Abelanski parce qu'un film est toujours moins drôle sans lui, Thierry Roland et Jean-Michel Larqué évidemment, parce que sans eux, il n'y a pas de film, et puis je prends Yvan Attal, Daniel Russo et Julie Gayet, pour incarner Delphine, parce que je la connais déjà et qu'elle est irrésistiblement drôle dans la vie, bien qu'absolument inconnue du public à cette époque.

Maintenant que tout est en place, il me faut trouver un assureur, c'est la dernière étape avant de lancer le tournage. Et là, c'est une autre histoire.

Toute réalisation de long-métrage doit être bordée au cas où il arrive un pépin au metteur en scène. Quand on est malade, il y a un supplément. Pas grand-chose, juste de quoi offrir un jet privé à son banquier. En plus, c'est mon premier film.

Je suis tenté de ne rien dévoiler à mon assureur, mais c'est risqué. Il est maintenant connu que je suis malade, les gens ne savent pas trop de quoi, mais je sais cependant que l'information circule. En même temps, je doute que le courtier qu'on me recommande traîne dans les soirées showbiz, je ne lui dis donc rien. Et pour une autre raison.

Parce que je n'ai pas envie d'être considéré comme un infirme, surtout qu'à cette époque tout va encore bien. Je marche relativement normalement. Je suis attaqué par la maladie mais je ne me vois pas si atteint que ça. Je ne me résigne pas à être souffrant, je ne veux pas l'être. Je ne nie pas ma sclérose en plaques, mais je n'y prête pas beaucoup attention non plus. Alors on me fait confiance. Et comme on me fait confiance, je ne vais pas crier sur les toits que je suis malade. De toute façon, ça ne va pas tarder à se voir…

Le tournage prend cinq semaines, tout le monde est ravi d'avoir participé à l'aventure et je ne dis pas ça comme le font tous les acteurs et réalisateurs après, sur les plateaux télé. Je le dis parce qu'aujourd'hui encore, on est tous amis.

19 juin 1996 : le film est à l'affiche et, comme souvent à l'époque, on jette un œil dans les salles de cinéma des Champs-Élysées. Lorsque je dis « les », je devrais plutôt dire « la », car une seule salle jouait mon film. Je me suis glissé parmi les

spectateurs avec mon complice Michel et nous avons entendu les gens rire.

Quoi de plus réjouissant que d'entendre des rires aux blagues que l'on a posées sur le papier? Cette gratitude que nous offrent les spectateurs qui vont voir des comédies n'a pas d'égal. C'est la drogue la plus joyeuse que je connaisse.

C'est maintenant l'heure de la promotion et elle bat son plein. On nous invite un jour à fêter notre succès à Disneyland Paris. L'équipe accepte, au complet. Dès notre arrivée, la femme avec qui je vis à l'époque me dit qu'elle voudrait aller faire les attractions. En temps normal, j'aurais d'abord fait un crochet par ma chambre, me serais un peu reposé. D'abord parce que je suis épuisé du tournage, d'être maintenant en pleine promotion, et puis parce que je suis malade, ce qu'elle ne peut pas ignorer. Mais comme elle y tient absolument et que je veux montrer à tout le monde que je peux le faire, je vais visiter le parc. Et forcément, je marche énormément.

De retour à l'hôtel, mes baskets accrochent le sol, parce que je n'arrive plus à lever ma jambe gauche comme il le faut. Elle racle le sol et je tombe, au milieu de tous. Il y a plus agréable que de se retrouver les quatre fers en l'air devant son équipe, mais ça ne change rien que je sois avec du monde ou tout seul. Je ne suis plus maître de moi-même, c'est la seule chose que je ressens à cet instant, pas de honte. Je suis avec mes amis, voilà pourquoi. Mais surtout parce que je suis passé par les quolibets, comme je l'ai déjà dit, ceux des gens qui pensent que je marche mal parce que je suis «encore bourré Farrugia!». Après ça, j'ai le cuir tanné.

Disneyland, ce n'est pas ma première poussée de sclérose en plaques, mais c'est la première que je vais traiter parce que je suis vraiment mal, et que je sens – j'ignore pourquoi cette fois – qu'il ne faut plus traîner. J'achève ma journée avec Mickey, et fixe un rendez-vous avec mon neurologue dès le lendemain. Je lui explique ce qu'il s'est passé, il me confirme ce que je craignais : il va me falloir rester à l'hôpital. Je fais la moue mais vois bien que ce n'est pas négociable, j'ai besoin de soins immédiats et suivis.

Je resterai trois jours dans cette chambre, à recevoir de la cortisone à haute dose, à regarder l'équipe de mon film sur une télé de la taille d'un mouchoir de poche parler du tournage, des coulisses et de moi. Ne pas être avec eux me paraît alors aussi douloureux que les injections que je reçois dans le bras quatre fois par jour.

C'est le début d'un long cercle infernal : je ne vais pas bien, je prends de la cortisone. Je vais mieux un temps, je n'en prends plus. Et on recommence sans que jamais j'en voie la fin. Comme la cortisone fait gonfler, je grossis, et je le vis mal. Je dois changer de garde-robe et c'est compliqué de passer la porte d'une boutique spécialisée en grandes tailles, parce que oui, maintenant c'est là que je dois aller m'habiller. Je suis très déprimé de me voir autant changer et si vite, alors je compense… en mangeant. Mon médecin a beau me dire de ne plus saler mes plats, d'alléger ma consommation de sucre, de proscrire l'huile autant que faire se peut, je ne l'écoute pas. Je trouve que ce que je vis est déjà assez pénible pour ne pas, en plus, me priver de tous les autres plaisirs. Et manger, j'aime ça, comme boire – ce qui m'est fortement déconseillé.

À ce régime forcé, et, je l'avoue, non respecté, vient s'ajouter ce qui, je crois, peut trôner dans le top 3 des épreuves de ma vie : l'épisode de l'interféron bêta. On est toujours en 1996, et mon neurologue me propose un nouveau traitement : une molécule à l'étude en France, mais déjà utilisée aux États-Unis où de nombreux patients suivent ce protocole et bénéficient de ses effets positifs. Il semblerait que ce soit une panacée. J'y vois un espoir, et accepte sans délai d'en devenir sujet.

Me voilà parti pour l'Amérique. Je prends quatre-cinq jours de congé, et je fais un saut de puce à New York. Je pars seul, je n'ai envie d'en parler à personne. Je m'installe dans un hôtel dans lequel j'ai mes habitudes, et je me rends à mon rendez-vous avec le docteur au Weill Cornell Medical Center.

On me fait remplir une quantité de formulaires, on m'examine sous toutes les coutures. Je vois dans les yeux du médecin, qui me fait passer un oral ensuite, qu'il semble chiffonné. Je lui demande ce qu'il se passe, craignant qu'il me refuse le sésame. Il me dit être inquiet au vu des résultats de ma tension, haute, qui découle sans doute de mon surpoids. Il me conseille d'arrêter de manger de la viande de bœuf. Je m'en souviens très bien parce qu'à cette époque, on entendait sur toutes les chaînes de télé et même dans les journaux qu'il ne fallait plus en manger. Il y a toujours un débat en cours aux États-Unis : un coup il faut manger ceci, puis le lendemain plus du tout. Un autre il faut manger détox, puis juicing, etc. Je regarde le médecin dans les yeux et lui affirme, d'une voix grave, que je ferai tout comme il faut.

Il rédige la prescription, je grimpe dans un taxi en espérant qu'une pharmacie est encore ouverte, car il est tard, j'ai passé presque toute la journée à l'hôpital. Le chauffeur m'en indique une, non loin de là. J'entre, commande le traitement, qui coûte le prix d'un aller sur Mars – chez eux, pas de Sécurité sociale – et je rentre à Paris. Je reçois la potion quelques jours plus tard, par DHL.

Je consulte mon neurologue pour qu'il me donne la posologie, à savoir me piquer une fois par semaine en intramusculaire, pendant trois mois. Le jour même, je commence le traitement religieusement. Je me plie cette fois à tous les conseils prodigués, allège mon assiette, fais connaissance avec les légumes vapeur et les yaourts sans sucre, je pousse parfois la torture jusqu'à sauter le dessert. Je suis résolu à mettre toutes les chances de mon côté pour reprendre possession de mon corps. Chaque matin, j'essaie de voir si mon état évolue, mais pendant les deux premières semaines rien ne semble se passer.

Comme le neurologue et moi en avons convenu, je lui rends visite ensuite afin de faire un premier bilan. Il m'a prévenu : je peux n'observer pour ma part aucun changement, mais qu'il y en ait cependant un. Il m'ausculte, regarde les analyses de sang que j'ai faites quelques jours avant ladite visite, mais ne dit pas grand-chose des résultats, si ce n'est qu'il est sans doute encore trop tôt pour en déduire quoi que ce soit. Comme je ne suis pas d'un tempérament impétueux, je me range à son avis, on se reverra dans quelques semaines pour refaire un point.

Mais les jours qui suivent, je périclite : les effets secondaires sont terribles et me rendent vraiment malade. Je ne sens plus ma jambe gauche et j'ai même une fois, je l'avoue, envie de sauter par la fenêtre.

J'appelle mon professeur, lui dis que j'ai besoin de le voir. D'habitude, il me faut attendre quelques jours avant d'obtenir un rendez-vous mais pas cette fois. Parce qu'il sait que je vais très mal. C'est pour cela qu'il ne me prescrit aucun examen avant de venir, et me dit qu'il m'attend le jour même, en fin d'après-midi. J'entre dans son bureau, ne m'assois pas, lui dis que j'arrête le traitement. Il me confirme qu'il sait, oui, que c'est ce qu'on va faire. Il me dit qu'il y a une place à l'hôpital de jour et que je vais reprendre un bolus de cortisone (c'est une forte dose de corticoïdes sur une durée courte). C'est à l'hôpital qu'il viendra me voir et me dira : « Vous devriez prendre un mi-temps thérapeutique. »

Il n'avait pas compris, malgré ces huit années de complicité, que mon seul médicament valable était le travail. Mon envie de faire les choses avait décuplé depuis que je savais que j'étais malade. Une amie psy, au moment de l'annonce de mon diagnostic, m'avait expliqué ceci : « Il y a deux manières de traiter ta maladie, comme une amie ou comme une ennemie. Comme une amie : tu restes au lit et tu te plains, comme une ennemie : tu te lèves et tu vas travailler. »

Cette phrase résonne encore chaque jour en moi. Je ne la remercierai jamais assez de l'avoir prononcée.

Je n'affirme pas pour autant que ce médecin est un mauvais praticien. Il n'existe pas de bons ou de mauvais docteurs à mes yeux, tout n'est que question de relationnel entre un patient et un soignant. Mais lui et moi, si nous nous sommes compris pendant des années, à partir de là, on ne se comprenait plus.

Lorsque l'on souffre d'une maladie chronique, on entend mille fois des gens nous dire qu'ils savent exactement ce qu'il nous faut, qu'ils ont lu un truc formidable sur un jeûne de trois cent soixante-cinq jours qui permet de guérir la maladie, d'aller voir un voyant qui peut correspondre avec un marabout qui lui-même a connu un mec qui peut peut-être t'aider. Mais une fois, lors d'une conversation avec Denis Olivennes, alors directeur général de Canal +, j'entends parler du professeur Lyon-Caen. Ce nom a changé la vie de ma maladie.

Je le rencontre à l'hôpital de la Pitié-Salpêtrière. Tout à coup, c'est une épiphanie, parce que je vois un homme avec un nœud papillon, une chemise blanche, une blouse blanche, comme tous les autres, mais qui me comprend, qui sait ce dont j'ai envie. J'arrive à lui dire que je vais partir faire un film aux Philippines et il me répond : « Il ne vous faut pas de stress, vous faites du cinéma. Je vous dis qu'il ne vous faut pas trop de chaleur, vous allez tourner aux Philippines. C'est super ! Allez-y, vous avez raison ! » Et c'est là que ce mec me fait marrer, s'amuse avec moi, et je lui en serai éternellement reconnaissant. Il ne m'a jamais dit que j'étais fou.

Grâce à lui, je me traite différemment. Je découvre un médicament qui s'appelle la Copaxone, qui me maintiendra à peu près en place pendant quinze-vingt ans. Je rechigne un peu au début parce qu'il va falloir que je me pique tous les jours. Un soir, je dîne avec Kad Merad et Olivier Baroux, plus connus du grand public sous l'appellation « Kad et O ». Ce sont des potes, ils savent que je suis malade, je les invite pour leur expliquer l'évolution de ma maladie, et je dis à Kad : « On me propose un nouveau traitement mais je dois me piquer tous les jours et ça me fait suer. » Kad est diabétique. Il sort sa petite trousse, l'aiguille et le liquide, fait son mélange et me dit : « Mais moi je me pique tout le temps ! » Et il se pique en ajoutant : « Si ça change ta vie, ce n'est pas la piqûre qui changera ta vie. » C'est le genre de chose qui m'a convaincu.

Quand je parle d'une sorte d'épiphanie dans ma relation avec le professeur Lyon-Caen, c'est vrai. Ce type est d'une intelligence rare. Un jour, je l'entends dire à une patiente qui entre en chaise roulante dans son cabinet : « Alors on ne se lève pas pour me dire bonjour ? » Ça peut paraître cruel, mais je trouve ça drôle, pour ma part. Et puis ça veut dire qu'un jour tu sortiras de cette chaise.

Il a fait beaucoup pour moi. J'aurais pu mettre des posters de lui dans ma chambre. Je lui voue une admiration sans bornes, parce qu'il ne m'a jamais réduit à un malade.

Alors je continue d'avancer, j'ai plein de projets. Avoir visité le plateau télé du *Saturday Night Live* il y a quelques années avait fait germer en moi l'idée de créer, un jour peut-être, une chaîne de comédie en France. Ce n'était pas le moment à l'époque, je grouillais déjà de projets, mais aujourd'hui, l'heure avait sonné. Je fais un bilan de ce qui existe en télé à ce moment-là, les chaînes du câble satellite sont des chaînes froides, c'est-à-dire qu'elles ne diffusent que des séries, des programmes enregistrés. Moi, j'ai envie de faire une chaîne chaude, du direct donc, avec des speakerines et des émissions.

Alors que je déjeune un jour avec Pierre Lescure et son épouse, il me propose de devenir consultant pour Canal +. Je me lance : « Écoute, consultant ça ne me tente pas, mais je voudrais te parler d'un projet qui me tient à cœur. » Je n'avais écrit que trois lignes sur un bout de papier, mais j'étais persuadé que je pouvais arriver à faire de mon projet un succès. J'en étais persuadé parce que je pensais que j'étais en train de vaincre ma maladie. En vérité, il n'en était rien, mais j'étais porté par le fait que j'allais y arriver.

L'assistante de Pierre Lescure me fixe un rendez-vous. Il fait venir deux de ses adjoints à qui je dis que je voudrais créer une chaîne de comédie. L'un des deux rétorque : « Sony a essayé, ils se sont plantés, comment il y arriverait, lui ? » Lescure lui répond : « On va quand même lui laisser six mois, on va lui prêter un peu d'argent et puis, si dans six mois il échoue, on aura perdu un peu d'argent. » Je me mets à bosser, avec mon camarade Olivier Granier, mon coproducteur de l'époque.

J'ai eu la chance de côtoyer des gens qui croyaient en moi. On m'a toujours fait confiance et je sais que c'est une veine immense. Il est difficile d'imaginer combien ça peut être compliqué de travailler en ayant une sclérose en plaques. Même pour le type le plus brillant du monde : s'il est malade, tout le monde a peur de l'engager. Comme on ne connaît pas bien cette maladie, on ne sait pas si vous n'allez pas mourir sous trois semaines. Donc on ne va pas miser sur vous parce que si vous mourez, on est un peu dans la mouise ! Lescure ne se pose jamais la question de m'aider à monter ma chaîne de télé Comédie !. Tout est dit de lui je crois.

Ça me fait penser à une histoire autour du film *Le Marquis*, que je réalise et tourne aux Philippines en 2010 avec, entre autres, Franck Dubosc et Jean-Hugues Anglade. Une banque me prête l'argent pour tourner. Le banquier dit à ma productrice exécutive : « Oui mais s'il meurt... »

Elle me l'a raconté, mais lui n'a jamais osé m'en parler directement. N'empêche que pour avoir le crédit, j'ai dû engager un premier assistant capable de reprendre le film si besoin – si je mourais pour être clair.

J'organise toujours des petites avant-premières très feutrées, « copains et famille », comme on dit, pour présenter mes films. Cette fois-là, je prends soin d'inviter les banquiers en plus. Le jour de la projection du *Marquis*, tout le monde s'installe, je monte sur scène pour faire un petit discours avant de diffuser le film et en introduction, je regarde les banquiers et je leur lance : « Même pas mort ! » Je ne peux pas voir leurs têtes après, la salle est plongée dans le noir, sans doute à leur grande joie.

Je n'insiste pas pour rien : quand vous êtes malade, il est difficile de trouver des gens qui vous font confiance. J'ai eu cette chance avec Lescure.

Maintenant que j'ai des sous pour monter Comédie !, il me faut des talents. Je vais voir la troupe Les Robins des Bois, par hasard, grâce aux frères Hazanavicius. J'assiste à leur spectacle, à Fontainebleau, et les appelle le lendemain. « Bonsoir, c'est Dominique Farrugia ». Le mec me raccroche au nez. Je rappelle : « Si si, c'est bien moi Dominique Farrugia ! » Je rêve, pour ma chaîne, d'un gros show en direct et je me dis que c'est grâce aux Robins des Bois que je vais pouvoir le faire.

Au début, ils sont réticents, ils me disent qu'ils ne sont pas faits pour ça, qu'ils ne seront pas capables de faire des sketchs pour la télévision. Je me revois leur offrir l'ensemble des cassettes des Monty Python, la série télé, qui s'appelait *And Now for Something Completely Different*. Je montre ça aux Robins, qui me disent qu'ils peuvent peut-être faire quelque chose en fin de compte. Grâce à eux, je monte Comédie !, où ils feront cinq sketchs par jour pendant un an et demi, ce qui est complètement fou. J'appelle le programme *La Grosse Émission*.

Pourquoi je l'appelle comme ça? Parce qu'à l'époque, je regarde David Letterman chez moi. Letterman est le présentateur d'une émission génialement drôle aux États-Unis qui, tous les soirs, commence son show en disant : « *Welcome to the big show !* » La traduction exacte serait : «Bienvenue dans la grande émission ! », mais la grosse émission me fait penser à la grosse commission, donc ça m'amuse. Et en pillant sans vergogne les Américains, comme j'ai l'habitude de le faire, en m'appuyant sur ce que j'aime réaliser et produire, je réussis à créer cette chaîne et ce programme.

Complètement porté par ce projet, je parviens dans la foulée à faire entrer parmi les financiers Pathé et Warner, deux mastodontes de la production, française pour le premier, américaine pour le second. Je me souviens d'ailleurs d'une réunion entre eux, Canal et moi. On est autour d'une table à discuter finances. Pour cette rencontre, j'ai mis un costume et une cravate. Parce que je sais que j'ai une étiquette de rigolo, donc il faut qu'on arrête de penser que je suis celui qui vomit quand il est content. Ceux qui ont vu *La Cité de la peur* savent bien que c'est ce que fait mon personnage, de façon pour le moins récurrente. J'ai dû faire semblant de vomir, allez... dix-sept fois pendant le tournage ! D'ailleurs, à l'époque de Comédie !, je ne fais aucune interview sans cravate. Pour qu'on me prenne au sérieux. Parce qu'il faut que j'adopte une sorte de posture de mec qui sait, de mec qui est au courant. Ça fait partie des trucs marrants pendant Comédie !.

J'ai une autre anecdote sur les débuts de ma chaîne. Avec mon associé, Olivier Granier, on est en train de la monter et on a rendez-vous chez Universal, aux États-Unis. On veut travailler avec eux, leur acheter des séries. Juste à côté du bureau où ils vont nous recevoir, ils ont un parc à thèmes qui s'appelle Universal Studio. Comme on arrive un peu en avance, on se dit qu'on irait bien faire l'attraction Jurassic Park. Je précise qu'on est en costard cravate. Et on voit tout le monde avec des ponchos. On se prend un poncho, et on y va. Une demi-heure plus tard, on en sort trempés. Décryptage : on arrive dans les bureaux pour notre rendez-vous d'affaires totalement ruisselants, et je passe sur l'air médusé des patrons d'Universal.

Comédie ! financée, les programmes écrits, tous plus décalés les uns que les autres, on ouvre boutique. Je suis le premier présentateur de *La Grosse Émission,* l'émission phare de la chaîne, diffusée tous les soirs en direct. Et j'invente un concept qui s'appelle « l'animateur jetable », c'est-à-dire qu'il y aura tous les deux mois un nouveau présentateur. Ça permet qu'on parle de nous tous de façon récurrente.

J'ai une trouille bleue de la première, même si on a répété, même si on connaît la télé. Les Robins des Bois sont formidables, mais j'ai peur. J'ai tellement peur que la veille, je vais me faire un bon restau (oui je sais, ce n'est pas toujours évident de voir le rapport entre la peur et la nourriture). Je rentre chez moi un peu éméché. Pas saoul à rouler par terre, mais à chanter *Comme un ouragan* de Steph de Monac', si. À l'époque je marche bien, enfin je marche, et je me déshabille un peu comme les mecs le font quand ils sont ivres (ou pas d'ailleurs), c'est-à-dire que je laisse tout là où j'enlève, à même le sol dans l'appartement.

Dans la nuit, je me lève pour aller me soulager et je glisse sur mon slip. Je me casse l'épaule en tombant : médecin, radio, attelle. Pour la présentation de la première émission de Comédie !, j'enlève l'écharpe mais je ne peux pas bouger le bras. Comme ça me donne l'air coincé d'un inspecteur des impôts, j'explique aux gens ce qui m'est arrivé. Et ça ne fait pas semblant de se marrer. C'est vrai que glisser sur un slip, c'est drôle tellement c'est con. Voilà le lancement, en 1997, de Comédie !.

À partir de là, ma santé décline. Moins drôle. Plus ça va, moins je peux marcher sur de longues distances, alors je suis obligé de tout calculer. Pour me rendre sur le plateau de *La Grosse Émission* par exemple, il y a une porte à ouvrir et ensuite, il faut aller s'asseoir. J'évalue que je peux le faire en trois pas, en me tenant. Un assistant peut refermer la porte derrière moi si je n'y parviens pas. Quand les invités arrivent, je me lève un tout petit peu pour leur serrer la main et ça fait l'affaire. Là, je commence à sortir du déni. J'ai de plus en plus de mal à me cacher à moi-même que je suis malade.

Quelques mois après le début de Comédie !, je pars en vacances à Los Angeles, avec des amis. Une nuit, je sens des fourmis dans une de mes jambes et je me lève, ma jambe est pratiquement inerte. Peu de temps après, je vais découvrir que j'ai du mal à me baisser pour faire mes lacets. Que je ne peux plus courir non plus. Pas que je courais beaucoup depuis le début de la maladie, mais en poussant un peu, je pouvais y arriver.

En 1998, je fais la première chute qui me handicape vraiment. Ça se passe quelques heures avant la finale de la Coupe du monde de foot et j'ai des tickets pour y aller. Mais je n'irai pas. Ce matin-là, je suis en Provence dans ma maison, une maison que j'ai achetée en piteux état et qui était entourée de cochons sauvages quand je l'ai visitée. Et donc ce jour de juillet, je suis avec des amis. Ma jambe se dérobe en descendant un escalier. Je tombe. Je me relève cette fois encore, mais je ne peux plus poser le pied gauche par terre.

Il n'y a pas de médecin dans le village, alors on file à l'hôpital. Je suis ravi d'être à l'hosto plutôt qu'au Stade de France, même si je suis touché que les gens dans la salle d'attente me disent : « Oh Les Nuls ! »

Avec les résultats de la radio, le couperet tombe : cheville disloquée. Je regarde la finale de mon lit, et je repars le lendemain pour Paris.

C'est la première fois que je me casse la cheville gauche, la première d'une longue série. Ça m'a collé une tendinite à la hanche droite. Et surtout, ma jambe gauche est devenue très faible, comme en panne.

4

Je boite

L'année 1998 marque un tournant important dans ma vie. À partir de là, je ne marche plus, je boite. Après cet accident et une rééducation qui ferait passer la guerre de Cent Ans pour une bagatelle, on m'apprend à me servir d'une canne. Quand je suis chez moi, je peux à peu près m'en passer en me tenant aux murs, mais je ne marcherai plus dans la rue sans elle, parce que j'ai peur de tomber. Si je vois de l'eau, de la neige, je me dis que je vais glisser. Et puis dorénavant mes jambes peuvent se bloquer.

Cette année-là marque un autre tournant pour moi. La canne donne à voir que je suis malade. Ma sclérose en plaques passe d'invisible à flagrante. On ne va plus me dire « Vous êtes saoul », ça c'est fini, on ne me dit plus rien d'ailleurs, la plupart du temps, ou alors : « Tiens, vous avez une canne, vous êtes malade. » Je réponds que oui, j'ai un petit problème de dos, pour ne pas m'attarder, ne pas expliquer. Je vais toujours vite dans les réponses, elles sont rodées.

Et puis je minimise, pour ne pas être plombant. Il y a une phrase, attribuée tantôt à Voltaire, tantôt à Gérard Oury, qui est magnifique : « Il est poli d'être gai. »

Sans m'en rendre compte, j'entre dans une nouvelle période de ma vie, une très mauvaise période. Ma santé ne cesse de décliner, doucement, mais continûment. Parce que je suis stressé, angoissé. Je commence même à devenir tout blanc, et comme Édouard Philippe, quand il était Premier ministre, je vois apparaître un trou dans ma barbe. Et puis je grossis parce que je bois comme un Polonais, et que je suis sous cortisone. On dirait Babar à ce moment-là. J'arrive de moins en moins à marcher, puis plus du tout.

Ma jambe gauche ne se lève plus.

Au début de cette nouvelle phase, je continue à sortir, parce que je ne veux toujours pas être malade. Je veux montrer que je suis plus fort que tout le monde, et pour le prouver, je vais au bout de tout, au point d'avoir extrêmement mal. Un soir, en entrant dans un restaurant, je me casse la gueule. Je ne peux plus être dans le déni mais j'y traîne encore un peu. Malgré ma canne et mon boitement.

Et malgré mes chutes à répétition. Dans la rue, ma canne glisse sur une flaque d'eau et je me casse le genou et la cheville. Chez moi, elle glisse sur la poussière : je me retrouve par terre. Je ne vais pas énumérer toutes les fois où je suis tombé, on ne me croirait pas plus que si j'annonçais être pressenti pour un poste à l'ONU, je dirai juste que je me suis bien esquinté, et à de nombreuses reprises.

Cela ne m'empêche pas de m'occuper de Comédie ! du mieux que je peux. Parce qu'elle, elle va bien. Cette chaîne, c'est fou quand j'y pense, ça devient un truc à la mode en quelques mois. Je ne m'attendais pas du tout à un tel succès. C'est formidable, incroyable, sans doute mon meilleur souvenir professionnel en télévision. Créer son média, c'est quelque chose de dingue.

Et quand je vois le nombre de talents qui sont passés par là, c'est encore plus incroyable. Il y a au moins quinze personnes qui sont aujourd'hui en tête du box-office et qui ont fait leurs débuts sur Comédie ! : Franck Dubosc, Laurent Laffite, dont je produis les premiers spectacles ; Les Robins des Bois, quatre d'entre eux au moins sont aujourd'hui en haut de l'affiche ; Manu Payet, et j'en oublie pas mal. C'est un vivier formidable. Je suis né chez Canal +, mais mon bébé c'est Comédie ! de A jusqu'à Z, Z prime même. Cette chaîne est fondamentale dans ma vie. Je ne serais pas celui que je suis si je n'avais pas vécu ça.

Ah, j'ai oublié de dire qu'en plus de créer *ma chaîne*, je travaillais en parallèle à la rédaction du film *Trafic d'influence*. C'est étrange d'ailleurs, comme toute ma vie je passe de la télé au cinéma, à la télé de nouveau... Bref, tout ça pour dire que j'ai envie de tourner un film à l'américaine, entendez un film d'action avec flingues, courses-poursuites, etc. Je l'écris avec Dominique Mézerette, et je propose à Thierry Lhermitte de figurer au casting. Il lit le scénario et accepte le rôle. Il me manque un personnage, je ne vois pas encore précisément qui j'aimerais engager pour le jouer. Totalement par hasard, à Cannes, un soir où je me rends à un dîner donné par je-ne-sais-qui, je tombe sur Gérard Jugnot, qui me dit : « Alors tu proposes le film à Lhermitte et moi tu ne me le proposes pas ? » Je suis interloqué. Jamais je n'aurais cru possible qu'un acteur de cette envergure accepte de tourner dans un de mes films. Je lui envoie le script, ça le fait rire, et il me dit : « J'en suis. »

Pour trouver l'équipe de distribution, j'appelle Richard Pezet. Je lui raconte le scénario, il me répond avec son élégance géniale : « Écoute non ça ne me fait pas rire, ça me plaît pas. » Je fais un aparté pour dire qu'un jour, je propose un film, je ne sais plus lequel, à un patron de studio. On se voit pour en parler et le gars me dit qu'il ne va pas investir. Il ajoute : « Ton film n'est pas drôle », ce à quoi je réponds : « Tu as fait l'ENA, j'ai fait

Les Nuls, je sais ce qui est drôle.» J'en reviens à *Trafic d'influence*. Je le propose donc à Jean-Paul Rougier, un type que j'aime beaucoup et depuis longtemps. C'est un peu mon parrain de cinéma. Je l'ai rencontré en partant de Canal +. C'est lui qui nous propose, à Alain Chabat et moi, de faire l'adaptation française de *Wayne's World* en français, et lui qui distribue, donc, *Trafic d'influence*. Je rouvre la parenthèse Richard Pezet une seconde pour dire que trois jours avant la sortie du film, il dîne avec Gérard Jugnot. Il m'appelle, et me dit : «Dis donc, il paraît que tu as fait un film formidable avec Gérard Jugnot et tu ne me l'as pas proposé ?» Je lui réponds : «Si, je te l'ai proposé et tu l'as refusé.» Et là, il dit : «Oh pardon !» et raccroche.

Quelques jours avant de commencer le tournage, je me casse la cheville. C'est à partir de cet instant que je boite sérieusement, que j'ai un mal fou à lever la jambe pour avancer. Cependant, je pense que c'est, malgré cet aléa de taille, l'un des tournages les plus joyeux de ma vie car dès le premier jour j'ai Lhermitte, Jugnot et en plus Jean-Pierre Cassel sur le plateau. Pour l'amoureux de cinéma que je suis, c'est fou d'avoir ces trois acteurs à gérer. Fou de leur dire «Coupez ! ça serait mieux que vous n'improvisiez pas et que vous vous en teniez au texte !». C'est un sublime moment, je ris comme un fou avec mes deux camarades, Lhermitte et Jugnot, pendant les huit ou dix semaines que dure le tournage.

Ensuite on fait le montage, assez vite, et arrive l'heure des tests, c'est-à-dire que je montre le film à des spectateurs. Des gens de cinéma, les producteurs, distributeurs… et des gens de la vraie vie, si je puis dire. Bilan pour le moins mitigé. Certains aiment vaguement, d'autres pas du tout. Et ces derniers sont plus nombreux. Les gens ne rient tout simplement pas. Je suis déçu. Non, c'est faux, je suis anéanti. Même si *Trafic d'influence* est ensuite acheté par la télé, même s'il est multidiffusé et plaît au public du petit écran, je suis inconsolable qu'il n'ait pas rencontré son public en salles.

À l'issue de ce film, je fais une énorme dépression cinématographique. Je ne réaliserai plus aucun long-métrage pendant dix ans. J'ai oublié de dire qu'après son échec cuisant en France, que je pressens dès sa sortie, je file en Belgique pour tenter de lui donner un souffle nouveau là-bas. Un jour que je m'apprête à monter dans un taxi, je me coince les doigts dans la portière ! Ainsi éclot mon nouveau rêve : écrire *La Stratégie de l'échec*, un livre, en quelques mots, sur comment tout rater. L'idée prend corps quand je flâne, un jour, en librairie. Je vois un guide, un genre de manuel qui s'intitule *Comment réussir en entreprise*, ou quelque chose du style. J'ouvre, premier conseil : « Comment réussir son entretien d'embauche » et là j'éclate de rire, puisque la réponse en dessous est : « Noter l'adresse de l'entreprise ». J'achète illico le bouquin, avec pour idée fixe de le décliner en «Comment rater ceci ou cela».

Je rentre chez moi et commence à jeter des idées sur le papier. Je le fais chaque jour ou presque ensuite, tout en continuant à m'occuper de Comédie !, mais comme d'habitude, je traînasse, je lambine. Par hasard, mais un très heureux hasard, je fais la rencontre de Laurent Zeitoun, au moment où je monte ma chaîne d'ailleurs. Il est auteur, travaille sur des comédies, et me plaît avant même que je ne le rencontre. Je raconte : je reçois un jour une lettre de lui, qui ressemble à : «Monsieur Fafruffia, fe rêfe de tfavaillef avec vous, j'aime ce que vous faites et f'ai envie de refoindre votre équipe.» Vous l'aurez compris, non seulement il orthographie mal mon nom, mais il truffe sa lettre de motivation de *f*. Il finit d'ailleurs son courrier en me demandant de lui répondre en écrivant de la même façon que lui. Ça me fait beaucoup rire, je l'engage ; je ne sais pas trop pourquoi, je n'ai rien en cours, mais je le prends, au feeling. Je me dis qu'il écrira pour Comédie ! ou autre chose, on verra.

Comme je vois que je ne vais pas tenir les délais pour *La Stratégie de l'échec*, c'est-à-dire rendre mon manuscrit en temps et en heure puisque je l'ai signé avec un éditeur, j'appelle Laurent et lui propose de m'aider à rédiger. Commence un ping-pong entre lui et moi. Je dis une bêtise, il renchérit, je relance, et on fait monter une sorte de mayonnaise humoristique qui à la fin donnera le bouquin (à mon avis, réussi). On l'écrit très vite, il marche bien en librairie, et dans la foulée, je décide d'en faire une cassette vidéo. Je sors un scénario du livre et le propose à Jean-Paul Rouve, Maurice Barthélemy et Judith El Zein, qui acceptent. Je propose à Kad Merad de faire une apparition... Il ne veut pas être payé, mais il veut un vélo de course. Je le lui ai acheté.

On boucle tout en cinq jours. Pourquoi si vite? Parce que le livre, comme le «film», c'est de la bêtise en barre. Que des conneries et énormément de plaisir avec des gens qui n'ont qu'une envie : faire rire. Pour l'anecdote, j'affuble Jean-Paul Rouve d'une perruque rousse bouclée pour le tournage, et dans le film *Les Tuche*, des années plus tard, il arbore encore une coiffe rousse à bouclettes. Ma fille est d'ailleurs persuadée qu'il a toujours été roux bouclé. Bref, si *Trafic d'influence* m'a mis K.-O., je reprends vie grâce à ce projet, qui en appelle d'autres.

Après Comédie, j'ai envie de me lancer dans une aventure qui est ma deuxième passion : la bouffe. Je commence à penser à Cuisine.TV. en regardant une chaîne aux États-Unis qui s'appelle TV Food Network. Je consomme cette chaîne un peu comme on regarde un bocal à poissons. Je suis fasciné par la facilité avec laquelle les recettes sont mises en scène. Mon concept est simple : je veux qu'on parle de cuisine du quotidien et peu de celle de grands chefs. J'ai envie de faire de l'anti Jean-Pierre Coffe, de regarder comment on élabore une recette avec ce qu'on peut acheter au Monop' du coin : de la salade, déjà prête et en sachet. C'est le début de Jaimie Oliver sur channel 4 en Angleterre. Et son émission, *Naked chef* (le chef nu en français parce qu'il ne porte ni tablier ni toque), est déjà un carton.

Avec Olivier Granier, mon partenaire, on organise un tour de table, simple. Il n'y aura que Pathé et Canal comme autres actionnaires. Il y a très vite un fol engouement autour de cette chaîne. Je précise que nous l'appelons Cuisine.TV. parce que nous voulons aussi la lancer sur internet. On essaie même de créer une application avec une grande chaîne de supermarchés français : on choisit sa recette, on spécifie le nombre d'invités, et tous les ingrédients de cette recette sont livrés à domicile. C'est un projet très ambitieux quand on sait qu'à l'époque, il y a Internet mais c'est lent, très lent, très très lent… Pour info, il fallait alors près de trois minutes pour télécharger une photo !

Je m'occupe de la chaîne pendant deux ans, puis je la quitte pour rejoindre la direction des programmes de Canal +. Très vite, elle va devenir Cuisine + car Canal la rachète. Et moi, je vis loin d'elle, et la regarde malheureusement flotter puis couler, dépassée par un énorme cargo nommé Marmiton…

Je garde de l'expérience Cuisine.TV des rencontres extra. Je fais notamment la connaissance d'Alain Ducasse, de Jean-François Piège, et de bien d'autres grands chefs que j'admire infiniment, car ces gens-là réussissent à faire de leur passion un business. Peu savent faire cela. Cuisine.TV m'a permis de rencontrer ces gens, et ça m'a valu des moments formidables comme dîner dans la cuisine de Ducasse au Plaza Athénée, ce que j'ai trouvé vraiment impressionnant.

Cette chaîne m'a aussi donné l'occasion de vivre un instant comment dire... dingue ! Je vous ai dit que mon associé et moi voulions aussi diffuser sur Internet. Dans ce but et par l'entremise du bras droit de Pierre Lescure, Alex Berger, nous allons rencontrer Terry Semel, qui vient de quitter ses fonctions de président du studio Warner. À son pot de départ, comme cadeau, la société Warner lui a offert... un avion. Ça vous donne une idée de l'épaisseur du personnage.

Bref, Olivier et moi espérons faire affaire avec ledit Terry, qui vit aux Etats Unis, et plus précisément à Bel Air, un quartier huppé de Los Angeles. Rendez-vous est pris, jour J devant chez lui, nous sortons de la voiture et appuyons sur la sonnette ; un homme en sort : « Terry Semel ? » lui lançons-nous avec un grand sourire. Il nous répond qu'il est le gardien, et que la maison de Terry est en haut. C'est là que nous comprenons que ce magnat vit au milieu d'un hectare, avec un lac, dans un quartier où le mètre carré doit valoir 20 000 dollars.

Nous remontons dans la voiture et roulons vers la maison de Terry. Je tiens à dire que je n'ai jamais possédé une maison aussi grande que celle du gardien de Terry Semel. Nous arrivons enfin devant la bonne maison, sortons fièrement de la voiture comme si de rien n'était. On nous ouvre la porte. Un homme d'une trentaine d'années tout blond et tout sourire nous dit bonjour, nous ne lui demandons pas s'il est Terry Semel… Nous comprendrons plus tard qu'il fait partie du staff car ils portent tous un polo noir avec, à la place du crocodile, deux lettres brodées : TS.

« Terry vous attend dans son bureau. » Nous le suivons.

Dans ce bureau – qui est également une salle de projection – exceptionnel, phénoménal, hallucinant…, on se met d'accord pour monter trois chaînes ensemble : une de ventes aux enchères, une autre de cuisine, donc, et une chaîne de *lifestyle*, de « mode de vie », en français mais cette expression est difficilement traduisible. Disons que c'est une chaîne dédiée aux belles choses, à la douceur de vivre, pour faire court. On prévoit qu'elles deviennent toutes les trois rapidement des sites marchands. On ambitionne en plus de créer tout un tas de choses via une application, c'est cinglé. Après une journée de négociations, Olivier et moi repartons, crevés mais avec des têtes de ravis de la crèche.

Le lendemain, le Nasdaq s'effondre et Terry nous annonce qu'il laisse tomber.

Quand je repense à cette époque et à ces moments précis, je n'ai pas de regrets, que de la nostalgie. Cette période bénie où je marchais sur l'eau… ou plutôt boitais sur l'eau.

Bon, tout ne va pas si mal, j'ai toujours Comédie !, qui se porte en revanche comme un charme. Et l'envie de refaire du cinéma me titille à nouveau. Pas question d'enfiler le costume de réalisateur, mais de producteur… Ça fait des années que j'aime la série télé *Vidocq*, mais je la trouve un peu vieillotte. Je regarde combien ça coûterait de l'adapter en long-métrage. Chance, elle est dans le domaine public, c'est-à-dire qu'après un certain nombre d'années, elle est libre de droits, que n'importe qui peut s'en emparer, sans demander d'autorisation, pour l'adapter, en un mot. Je saute tout de suite sur l'occasion.

Il me faut un auteur, pour écrire le film. Je pense à Jean-Christophe Grangé, écrivain à succès dont j'ai lu le roman *Le Vol des cigognes*. Je décide de m'intéresser à ce livre, regarde le montant des droits, là aussi libres, téléphone à Alain Berberian pour lui dire qu'on a un bouquin à adapter. Il lit, me dit qu'il va le faire, sans préciser que ce sera sans moi. Trois semaines plus tard, j'apprends qu'il a proposé l'adaptation à Alain Sarde, producteur de cinéma. Alain me trahit donc. Je ne lui en veux pas, même si ça peut paraître étrange. Je ne vais pas entrer dans les détails mais disons que, dans mon métier, ce genre de choses est courante. On estime que les idées sont à tout le monde, alors j'avance.

Je propose à Jean-Christophe Grangé d'écrire l'adaptation ciné de *Vidocq*. Il accepte, et me rend un scénario absolument génial. Je n'ai pas de réalisateur, et à l'époque j'avais rencontré un garçon qui s'appelait Pitof, qui était le roi des effets spéciaux. Je le choisis pour tourner *Vidocq*, qui sera, s'il est partant, son premier film. Je le rencontre, il est fasciné par le scénario, et très vite, on se demande qui pourra incarner le personnage principal. On se le demande une poignée de secondes parce que lui comme moi sommes d'accord, ce rôle ne peut être que pour Gérard Depardieu puisqu'on a besoin d'un homme fort, beau, et charismatique. On le propose donc à Depardieu, qui adore.

Il nous manque le personnage de l'écrivain, qui sera incarné par Guillaume Canet et on a besoin d'une jolie femme ; mon choix se porte sur Ines Sastre. Je me dis qu'il faut prendre une étrangère, une actrice qui sera connue à l'international, parce qu'on a besoin de vendre le film au-delà de nos frontières. Pourquoi ? Parce qu'un film en costumes, avec une star comme Depardieu, ça coûte quasi le PIB d'un pays d'Afrique, 20 millions d'euros pour être précis.

On pourrait se demander comment on arrive à réunir la somme, et surtout à trouver des associés prêts à se lancer alors que je sors de *Trafic d'influence*, échec retentissant, du moins au cinéma. Sauf que si je n'ai, depuis, plus touché à la caméra, j'ai en revanche produit d'autres films, qui eux ont bien marché, voire très bien. J'ai produit *Paparazzi*, et puis *Meilleur Espoir féminin*, entre autres. C'est Gérard Jugnot qui m'avait proposé d'en être producteur, toujours avec mon associé, et celui-là fut une réussite. Comme *Monsieur Batignole*, dont je suis également l'un des producteurs et qui est, à ce jour, l'une de mes plus grandes fiertés, car sans doute le plus beau film auquel j'ai participé.

J'en reviens à *Vidocq* et son financement. Olivier (mon associé) et moi mettons environ 2 millions d'euros chacun (crédit à l'appui). Le tournage est incroyable, je regarde toutes les scènes avec des yeux d'enfant, n'en reviens franchement pas d'être à la tête d'un tel projet. On fait le montage dans la foulée, et le film doit sortir le 19 septembre… 2001. Inutile de spécifier qu'on aurait choisi une autre date pour cette sortie. Parce que huit jours après l'un des pires attentats que le monde ait connu... Malgré cette terrible actualité, on fait 1 million 850 000 entrées au total. Ce n'est pas extraordinaire, mais pas non plus la claque du siècle. Sauf pour le porte-monnaie d'Olivier et le mien, puisqu'on ne rentrera jamais dans notre investissement. Comprenez qu'on en est de notre poche, et pas qu'un peu : on ne récupère pas un penny des 4 millions versés. Je résume : en 2001, juste après la sortie du film, je suis à la rue, ou presque. Je dois vendre ma maison, celle que j'ai achetée au milieu de six hectares et des cochons sauvages. J'ai le moral en berne, parce que j'ai transformé mon habitation en celle de Gatsby le Magnifique, mais je n'ai pas le choix, je dois m'en séparer.

Totalement par hasard, je croise un jour Françoise Coquet, la productrice de Michel Drucker, qui me dit : « Écoute, je cherche une maison, je suis dans le Luberon, je quitte la mienne. » Comme ma maison n'est pas loin et qu'on a le même gardien, je lui propose d'aller la visiter. C'est le coup de cœur, elle l'achète. Je vends cette maison parce que *Vidocq* m'a ruiné. Sans savoir que, trois mois plus tard, Pierre Lescure me sortira de cette très mauvaise passe en me proposant le poste de directeur général adjoint en charge des programmes chez Canal. Si j'aurais su, j'aurais pas vendu, mais bon…

À ce moment de ma vie, Alain Chabat me tend la main. Je ne lui dis pourtant rien du sale pétrin dans lequel je patauge, je ne dis jamais rien de mes problèmes de manière générale, mais il me propose de participer à *Burger Quiz*, une émission décalée dont il a le secret. Être payé à débiter des âneries, inutile de dire que je signe sur-le-champ. Jusqu'à ce que je devienne, donc, patron des programmes de Canal, en 2002.

Peu après, Lescure se fait débarquer de son poste de président, remplacé par Xavier Couture, jusque-là directeur d'antenne de TF1. Moi, je reste en place, avec la bénédiction de Pierre. Un jour, je reçois un appel de Xavier Couture : «Je te passe Jean-Marie Messier.» À cette époque, Messier est le P-DG de Vivendi, groupe auquel Canal + appartient. Il me dit : «Voilà, j'aimerais vous proposer d'être président-directeur général de Canal + France.» Il ne veut pas de mes talents de dirigeant, mais en m'engageant, il s'achète la paix sociale. Le départ de Lescure fait des vagues chez Canal et Messier veut apaiser le climat. Ce n'est que bien plus tard que je le comprends.

En attendant, je prends la tête de Canal. Une très jolie phrase de Graydon Carter, l'ancien patron du magazine *Vanity Fair*, dit qu'il a toujours travaillé avec ses employés en ne leur faisant jamais sentir qu'ils étaient des employés, mais des collègues. La plupart des hommes avec qui j'ai collaboré étaient comme ça, comme Carter. J'ai eu cette chance, d'avoir toujours eu des patrons et jamais des chefs, et je parle là de Pierre Lescure, d'André

Rousselet, d'Alain De Greef, de Stéphane Courbit et Maxime Saada.

Moi, en tant que patron de Canal, j'espère n'être pas non plus un chef. (Et je ferai abattre tous ceux qui diront le contraire.)

Et puis je pense avoir toujours été honnête et respectueux. Mon père disait souvent : « Essaie de te raser sans te couper. » Ça veut dire regarde-toi dans la glace, c'est important. Je pense comme lui. Je n'ai pas menti, non plus. Non ce n'est pas vrai, il m'est arrivé de mentir. Mais je tiens à ajouter autre chose : dans le milieu, personne ne peut dire « Je me suis fait rouler par Dominique Farrugia ». Et ça, j'en suis fier. Attention, je ne prétends pas avoir toujours tout fait droit, je ne dis pas que je n'ai pas contourné, mais jamais au détriment de quelqu'un.

Et pourtant, mon boulot de P-DG de Canal, franchement, c'est rude. Je reste en poste dix-huit mois. Qu'est-ce que tu peux faire en dix-huit mois ? Pas grand-chose. Exactement comme un président de la République qui vient d'être élu et qui fait ses cent jours. Les emmerdes volent en escadrille, comme dit la formule consacrée : plan social, audimat en baisse, taux de désabonnements important, déchéance du clair (pour faire simple, des programmes gratuits mauvais).

Je me souviens d'un entretien à la radio, avec Marc-Olivier Fogiel. Il me dit : « Mais vos programmes en clair sont catastrophiques ! » Je lui réponds : « Oui, mais les gens s'abonnent pour le crypté. » On a une sorte de dispute hargneuse à l'antenne, où je finis par lui chanter « Je ne t'écoute pas » en boucle. Il n'est pas le seul à critiquer, loin de là. C'est simple, la chaîne est maltraitée en permanence. Tous les jours, j'entends quelqu'un dire sur un média ou un autre que Canal va mourir, et quand je ne l'entends pas en télé ou en radio, je le vois imprimé dans les journaux. Ça me défait plus encore parce que je ne sais pas comment redresser la barre.

La vérité, c'est que j'aurais préféré, durant cette période, qu'on m'ait filé les manettes d'un Boeing plutôt que la tête de Canal. Il n'y a pas d'argent pour développer de nouveaux programmes, et je ne sais pas faire sans. Je mets à l'antenne des programmes que je ne devrais pas mettre et je n'ai pas de réseau, ce qui est primordial pour un patron de chaîne. Je n'ai pas non plus l'abattage, la manière de travailler que peut avoir un type qui sort d'une grande école, il me manque cette formation intellectuelle.

À mettre à mon crédit en revanche, je comprends que la série va prendre de l'importance en France. Je programme le samedi soir deux épisodes consécutifs de *24 heures chrono*, et c'est tout de suite un carton. J'engage Fabrice de la Patellière, celui qui s'occupe encore des séries et de la création originale chez Canal aujourd'hui. Le choix de mettre cette série sur la grille me vaut l'honneur d'un bon papier de Françoise Giroud dans *L'Obs*, j'en suis très fier à ce moment-là. Tout comme réussir à donner de l'argent à Christopher Thompson pour qu'il monte un documentaire sur son grand-père, Gérard Oury. Avoir participé à rendre hommage au réalisateur de *La Grande Vadrouille*, du *Corniaud*, des *Aventures de Rabbi Jacob* et de plein d'autres chefs-d'œuvre me rend heureux.

Mais ces joies-là n'écrasent pas les tensions que je vis tout au long de ma présidence. La maladie me rattrape, parce que je suis extrêmement tendu et fatigué, que je n'en peux plus. Tout Paris feint d'ignorer que je suis malade, mais je sais bien que le monde, celui des médias en tout cas, le sait.

Quand Thierry Ardisson me contacte pour me demander si je veux parler de la sclérose en plaques dans son émission, je me dis qu'il est temps. Ce moment est très important. Je me délivre, et je fais entendre, je crois, la voix de beaucoup de gens qui sont dans la même situation que la mienne, à se planquer d'être malade comme si c'était un truc honteux. Je ne remercierai jamais assez Thierry Ardisson et Catherine Barma de m'avoir proposé d'en parler.

Peu de temps après cette libération, je m'affranchis également de Canal +. Quand Bertrand Méheut prend la tête de la chaîne, je lui annonce que je vais partir. Il a l'élégance de me dire : « On vous a déjà trouvé un successeur. » J'en déduis qu'il n'est pas dans le désarroi le plus total.

En quittant la présidence de Canal, il se passe quelque chose de très bizarre, je me prends pour un autre. *Tout bu or not tout bu*, telle est la question pour d'autres, mais pas pour moi. Je me mets à boire plus que de raison et y ajoute de grosses pincées de cocaïne. Un soir, chez Jean-Luc Delarue, on passe notre temps à sniffer. Tout est bien qui finit mal, à la fin de la nuit, quand tous les invités s'en vont, je veux me lever pour partir. Mais je ne peux pas. Je ne sens plus mes jambes, je n'arrive plus à me mettre debout. Le chauffeur de Delarue appelle une ambulance. On m'emmène à l'hôpital. Je reçois, pendant deux semaines, de la cortisone en continu, ce qui, grâce à Dieu, me remet sur pied. Et marquera la fin de mon couple avec la cocaïne, je n'y toucherai jamais plus.

Je me sens libre depuis que je ne suis plus patron de Canal.

J'emménage dans des bureaux en *short lease* (bail court) près des Champs-Élysées et je me dis qu'il y a un coup à faire. Je me souviens qu'un auteur m'avait proposé une parodie qui s'appelait *Le Pacte des poules.*

J'appelle *Écran total,* un journal hebdomadaire de cinéma professionnel qui devient quotidien lors du Festival de Cannes. Pour avoir la couverture, il faut payer. Je crée donc une fausse affiche reprenant tous les codes du *Pacte des loups.* Je demande l'autorisation à Kad et Olivier, Titoff, Jean-Paul Rouve et Maurice Barthélemy de mettre leurs noms sur l'affiche et c'est Michel Hazanavicius qui en assurera la réalisation… factice.

C'est grâce à cette fausse affiche, donc à cette fausse couverture, que je suis retourné dans la cour des grands à Cannes, puisque ça m'a fait de la pub et que j'ai signé un deal de développement avec l'un des plus gros studios français.

En 2003, Stéphane Courbit, alors président d'Endemol, me demande : « Tu t'ennuies dans ces bureaux ? » J'avoue que oui, et il me propose de venir m'installer dans ses locaux. Comme ça, me dit-il, on pourra travailler ensemble. Je ne suis pas mécontent parce qu'en plus d'être lassé d'être tout seul, l'immeuble où je loue sent la friture à un kilomètre à la ronde. J'avais visité et signé le bail un après-midi, sans me rendre compte qu'il y avait un restaurant au rez-de-chaussée. J'emménage donc dans mes nouveaux bureaux.

Pour Noël, j'organise une fête et invite quelques amis. L'un d'entre eux vient avec celle qui deviendra ma femme : Isabelle. Elle me demande si j'ai du travail pour elle. À ce moment-là, elle est dans la communication, je lui réponds : « Non, je n'ai pas de travail mais je veux bien déjeuner avec vous. » Elle entame un *moonwalk* de joie, non c'est faux, mais ça m'aurait bien fait marrer. Elle dit juste oui.

On se vouvoie pendant six mois. Je lui envoie des lettres, des fleurs, toutes sortes de petits cadeaux. Bref ! Je lui fais une cour assidue. Parce que je sais que c'est elle qu'il me faut. Une foule de choses me plaisent chez elle, au-delà du fait qu'elle est très belle. Mais elle résiste. Donc je suis là, présent, et on finit par s'aimer. Isabelle comprend très vite qui je suis : un type beau, brillant, généreux, et qui pratique le parachutisme à la perfection, une sorte de James Bond tunisien. Elle m'apporte pour sa part cette dose de sérénité dont j'ai vraiment besoin. J'ajoute qu'Isabelle a de la fantaisie au quotidien, beaucoup de repartie et l'intelligence du cœur. Elle est unique.

Ce qui fait qu'on s'aime, en outre, c'est surtout ce qu'on partage : l'humour. C'est la première fondation de notre couple, c'est sûr et certain.

On se marie en 2005, à peu près un an après s'être rencontrés. À cette époque, je boite. Mais quand je demande à Isabelle de m'épouser, je ne pense pas à ma sclérose en plaques. Ça va paraître très étrange, mais dans ma tête, je ne suis pas malade. Pourtant je le suis, et bien, même, mais je ne l'admets toujours pas. On se marie sans en parler ou très peu, parce que je ne me souviens d'aucune discussion sur ce sujet à ce moment-là, ni d'aucune appréhension de sa part.

Quand on s'installe ensemble, évidemment, c'est une autre histoire. Ce qu'elle voit et vit avec moi dès lors, ce sont mes chutes. Je tombe et je me relève, mais rapidement, je deviens gros, tellement gros que je n'arrive plus à me redresser tout seul et qu'il faut appeler les pompiers pour m'aider.

Je ne vais pas mentir, on a beau être amoureux, c'est difficile pour un couple de le rester quand on en passe par là, d'autant plus qu'on a nos écarts, comme tout le monde. Heureusement, la maladie ne les creuse pas, au contraire. Ma SEP nous soude, parce que celui qui vit avec un malade connaît les mêmes problèmes que lui, sur un plan pratique j'entends : l'ascenseur trop petit, la chaise roulante super lourde à descendre, entre autres.

Je me dis souvent que je n'aurais pas dû l'embarquer dans cette galère. Je ne lui ai pas vendu un gars tout le temps assis. On s'est mariés, j'étais debout, donc il y a mensonge sur la marchandise quelque part, ou plutôt ignorance de ma part, de ce qui se passerait après la canne. On ne sait pas soi-même comment sa SEP va évoluer. On ne sait pas non plus à quel point, parfois, on va souffrir.

On ne sait pas davantage que la femme qui nous accompagne va devenir le réceptacle de notre souffrance physique et mentale.

J'essaie de la préserver un maximum, mais je passe ma vie à dire « aïe, j'ai mal ». Je me plains beaucoup à la maison, ça pèse forcément sur elle, même si elle ne le dit jamais. Je ne suis pas toujours de bonne humeur, plutôt ronchon, plaintif, soupe au lait. Non, pas soupe au lait, je vais trouver un adjectif plus intelligent : je suis impatient, même si j'ai appris à ne plus l'être. Mais il est vrai que c'est dur pour les gens qui vivent avec moi, comme pour ceux qui accompagnent tout autre malade, j'imagine.

Les familles aidantes doivent être présentes et aimer infiniment celui qui est souffrant, parce qu'elles donnent cent fois plus qu'elles ne reçoivent. Mon épouse est là, vaillante, souriante, gentille, je connais sa valeur. Et ma chance.

C'est un poids de vivre avec quelqu'un comme moi, parce qu'il faut tout baliser. Il faut louer des maisons accessibles, tout doit être plat, dedans et autour. À l'hôtel, idem. S'il y a une marche trop haute pour accéder à la piscine (j'adore les piscines), il faut voir si je vais pouvoir la monter. Il faut choisir le restaurant où on veut aller, vérifier que ma chaise passe…

Et puis un malade ne fait, on s'en doute, pas les mêmes choses qu'un homme en bonne santé. Si tu pars en vacances avec moi, tu es sûr de ne pas aller faire de la randonnée, ni du bateau, ni aucune activité de ce genre, donc il faut savoir que tu vas le faire sans ton mari, ce n'est pas formidable.

On ne peut rien prévoir, non plus. Ni pour dans un an, ni pour dans un mois, ni même pour demain parce que, quand on a une sclérose en plaques, je l'ai dit, on ne sait pas comment on va se réveiller. Vivre avec un malade, c'est un choix fort. Un choix qui oblige au questionnement : est-ce qu'on aime assez ? Est-ce qu'on est prêt à aller au bout avec cette personne ? Parce qu'il faut savoir une chose, c'est que la maladie n'ira pas en s'arrangeant. La sclérose en plaques peut stagner, disparaître même – j'y reviendrai –, mais ce n'est pas la majorité des cas. Oui je sais, je plombe un peu l'ambiance.

Alors j'annonce maintenant une bonne nouvelle : non seulement la SEP n'empêche pas d'avoir des enfants, mais elle ne se transmet pas. C'est du moins ce que démontrent toutes les études sur le sujet. Et je sais de quoi je parle parce que très vite, Isabelle et moi décidons d'agrandir notre famille. On se renseigne beaucoup, on lit des études et j'en parle à mon super-héros médical : le professeur Lyon-Caen. Il me rassure tout de suite en me disant qu'il n'y a aucun problème. En 2008 naît Mia, notre première fille, puis, deux ans plus tard, Zoé.

Avoir des enfants quand on est handicapé, ce n'est pas aussi compliqué qu'on peut se l'imaginer, au quotidien je veux dire. Personnellement, je pense que c'est bien que les enfants puissent consulter un psy quand ils ont un parent malade, et qu'on en a les moyens bien sûr. Mes filles en voient un. Pas de façon récurrente, juste quand elles en ont besoin. Pour parler de ma maladie, ou carrément d'autre chose, je ne sais pas ce qu'elles lui confient, je ne suis pas présent. C'est un moment à elles, un genre de sas de décompression.

Forcément, quand on est malade, on se demande si les enfants souffrent de ne pas partager tous les moments de leur vie avec le parent invalide. Moi en tout cas je me le demande souvent, parce qu'en effet, je ne peux pas être partout avec elles. Quand elles participent à des spectacles de danse, je n'y vais pas toujours. Parfois c'est parce que ça me barbe (tous les parents savent de quoi je parle), mais souvent, c'est parce que la salle est inaccessible. Alors ma femme y va et fait une vidéo que je regarde le soir.

Le handicap détruit des possibilités. C'est chiant d'avoir un père qui ne t'apprend pas à faire du vélo parce qu'il n'est pas capable de courir derrière toi.

Un père qui ne te prend pas non plus sur ses épaules, qui ne court pas après toi, qui ne se met pas à quatre pattes avec toi, qui ne t'emmène pas à l'école. Pour les déposer à l'école, il faudrait déjà que je puisse me lever. Le matin, je mets du temps à me dérouiller, à me chauffer pour pouvoir me mettre sur mes jambes. C'est pas *bim*, debout ! *bim*, sous la douche ! *bim*, habillé ! Ensuite, il faut que je fasse venir la personne qui m'aide à descendre la chaise roulante, que mes filles attendent que je monte dans la voiture, que j'en sorte une fois qu'on arrive, etc. Il faudrait qu'on se lève tous à cinq heures du matin en fait pour qu'elles arrivent à l'heure en classe. C'est donc ma femme qui les dépose à l'école.

Je sais que je ne peux pas tout faire avec mes filles, mais je compense. J'ai longtemps inventé des jeux, des histoires pour elles quand elles étaient petites. Et aujourd'hui je nous organise des moments privilégiés, je les emmène déjeuner ou dîner en tête à tête. Sinon, quand Isabelle s'absente, on commande à manger, souvent de la merde, et on choisit un film, souvent merdique. On fait des petites choses comme ça. Ce n'est pas énorme, je le sais, mais c'est tout ce que je peux faire. Et ça me met parfois en colère.

Je connais le poids que je fais peser sur ma famille, à quel point il est compliqué de vivre avec quelqu'un qui n'est pas autonome. C'est une horreur. Pour les autres et pour soi. Tu es sans cesse un fardeau, c'est ça la vérité. Personne ne me l'a jamais dit, mais je sais que je le suis. Putain, c'est pénible… La dépendance, c'est insupportable. Aucun malade ne veut être réduit à ça, sa maladie.

C'est pour cette raison que je ne dis pas à Jérôme Seydoux que j'ai une sclérose en plaques, alors qu'on ne voit que ça, en tout cas ce jour-là. Le jour en question est celui de la projection du film dont je suis l'un des producteurs : *Mes amis, mes amours*, tiré d'un roman de Marc Levy. On est en 2008 et Jérôme est le patron de Pathé, l'entreprise qui distribue le film. Il me voit marcher, pour aller à ma place sans doute, il me voit boiter en réalité, avec ma canne. Il me dit : « Dominique, vous ne devez pas vivre dans la douleur. Si vous voulez je vous indique quelqu'un qui peut vous éviter d'avoir mal. » J'ai une immense affection pour cet homme. Il est bienveillant, intelligent, donc je vais consulter, pour ne pas le décevoir, pour ne pas lui dire, surtout, que je suis malade.

Je raconte cette histoire parce que c'est une des dernières fois où je ferai ça : cacher ma maladie. Après, ça devient impossible.

Dans la série « je ne veux pas dire que je suis malade, je ne veux pas que ça se voie », je me souviens d'un rendez-vous de boulot dans un hôtel où je m'assois dans un fauteuil. La rencontre finie, je ne parviens pas à me lever, parce que le fauteuil est extrêmement bas. Il y a un grand truc chez les décorateurs d'intérieur, c'est qu'ils font des assises basses, parce que ça donne l'impression que le plafond est plus haut, c'est l'un d'entre eux qui me l'a confié. Heureusement que mon camarade m'aide à me relever, sinon, j'y serais encore.

Une autre fois, j'ai un rendez-vous chez Fox. C'est un énorme groupe de chaînes de télé et de cinéma spécialisées dans le divertissement qui diffusent partout dans le monde et même sans doute dans la galaxie. Et donc, j'ai rendez-vous à Los Angeles, avec le patron de Fox, Jim Gianopulos. Dès que j'entre dans le bâtiment, je vois l'immense couloir et, formidable ! sa moquette super épaisse. Je me doute que l'entreprise va être périlleuse. Malgré ma canne, mon pied gauche accroche la laine. Je m'imagine déjà faire un vol plané, alors je décide de marcher sur l'étroit rebord en bois qui entoure la moquette. Visualisez-moi en funambule, le visage quasi encastré dans le mur, la scène est totalement ridicule.

Quelques mois après ces épisodes, je ne cacherai plus mes difficultés à marcher. De toute façon, je ne le peux plus. Ni le cacher ni marcher : c'est terminé.

5

Je roule

Mon neurologue m'apprend la bonne nouvelle : un nouveau traitement contre la sclérose en plaques fait son apparition ! C'est une médication à base de chimiothérapie et corticothérapie, c'est-à-dire une prise d'hormones et de la cortisone à haute dose, par injection. Il me prescrit le remède pour trois mois et je commence le traitement. Il est dévastateur. J'ai des nausées à cause de la chimiothérapie et aller le consulter au service cancérologie n'arrange pas du tout mon moral, je suis au fond du trou. Ça me rend cafardeux.

C'est sûrement à cause de cette médication que je suis tombé à Los Angeles, il y a trois ans. Après cette chute, pendant trois mois, je reste alité et les kilos s'empilent, beaucoup.

Je n'ai plus du tout la possibilité de marcher. Je me sers de ma chaise roulante constamment. Cette chaise ne rentrant pas dans mon ascenseur, je suis obligé de faire appel à des ambulanciers pour regagner ou quitter mon appartement. Je les remercie d'avoir porté cent vingt kilos tous les jours pendant plus d'un an. Parce que j'atteins donc les cent vingt kilos... Et j'ai un goitre énorme, dû à la prise de cortisone. Je comprends que je suis pris dans un cercle vicieux : moins tu bouges, plus tu grossis, moins tu pourras bouger.

Je me réveille un matin avec des douleurs atroces dans le dos. J'appelle SOS médecins, ils me conseillent d'aller aux urgences directement. On m'ausculte, j'ai des calculs qui vont de la vésicule biliaire à je ne sais plus quoi, un truc un peu compliqué. Je décide de me faire enlever la vésicule biliaire. J'en parle à mon super pote médecin Gérard Garçon, qui m'indique un chirurgien.

En attendant mon tour dans la salle d'attente du praticien, je constate qu'il n'y a que des obèses autour de moi. Je vois le docteur, on prend date pour l'intervention et ciao. En sortant de là, j'appelle mon ami, il faut que je lui parle d'un truc. Je lui demande s'il sait pourquoi je n'ai vu que des obèses chez le chirurgien. Il m'explique que sa spécialité est la chirurgie bariatrique.

Cette intervention a pour but, si on veut faire simple, de te faire maigrir. Plusieurs options : le *bypass* gastrique, l'anneau gastrique ou la *sleeve*. Je ne vais pas entrer dans les détails, juste dire que les trois opérations consistent à réduire la taille de ton estomac. Gérard me dit d'opter pour la *sleeve*, on m'enlève les deux tiers de la panse, il m'en reste donc une toute petite partie, qui va être comme une manche (*sleeve* en anglais, ça veut dire « manche »). J'y vois tout de suite une possibilité de remarcher un jour. J'explique : si je perds du poids, je peux me relever. Si je peux me mettre debout, je peux avancer. Gérard me dit qu'en effet, il y a 80 % de chances que je puisse me remettre sur pied.

Plein d'espoir, j'entame le processus en novembre et prévois de me faire opérer en avril 2019. Et si vous vous demandez pourquoi il y a un laps de temps de six mois entre la prise de décision et le passage à l'acte, c'est parce que cette intervention est une vraie décision de vie. Une décision de vie que je prends avec mon épouse parce qu'elle implique beaucoup de changements. Le chirurgien m'annonce qu'après l'intervention, je n'aurai plus le même goût pour les aliments, que je ne mangerai plus les quantités que celles que j'ai l'habitude d'ingérer, que je ne pourrai plus boire d'alcool, ou alors en toute petite quantité.

Mais ce ne sont pas les seules mutations à venir. Un amaigrissement de cette ampleur me fera paraître plus vieux, parce que la peau sera détendue, lâche. Mon image changera donc du tout au tout. Du coup, ma garde-robe sera à refaire. Ça peut paraître futile, mais ça ne l'est pas. C'est un gros budget : les costumes, les chemises, tout à changer du jour au lendemain. D'autant que c'est la deuxième fois que j'ai ce remplacement à effectuer, cette fois dans l'autre sens.

Mais je m'en fiche, j'ai dans la tête cette petite musique qui me dit : perte de poids = je me relève. Sans compter que si je maigris, je diminue grandement les risques cardiovasculaires qui vont de pair avec l'obésité. Et j'arrêterai de transpirer, d'être essoufflé à tout bout de champ. Et de me demander comment je vais m'arranger pour passer dans le tube quand je dois faire une IRM. Parce que l'obésité se conjugue souvent avec l'humiliation, il faut le savoir. Beaucoup d'obèses ne peuvent pas passer d'IRM dans les centres « normaux » car ils n'entrent pas dans le cylindre, ce qui les oblige à aller dans des centres d'examens pour chevaux. Je trouve ça bouleversant. Je referme cette parenthèse. J'ajoute juste, avant de la refermer, que le regard des gens sur les obèses est souvent odieux.

Les mois qui séparent ma résolution de l'intervention me servent à préparer la bascule à venir. Je suis d'ailleurs suivi par l'équipe médicale qui va m'opérer et par une équipe psy. Ce délai me permet de mettre en place la rééducation qui devra succéder à la chirurgie. Je me doute bien que maigrir ne va pas suffire à me remettre debout, qu'il me faudra me remuscler, faire du sport.

Je vais donc voir un médecin à l'hôpital Sainte-Marie, à Paris. Cet établissement est spécialisé en réadaptation à la mobilité et à l'autonomie. Il y a chez eux des kinésithérapeutes qui, en te faisant faire des activités physiques adaptées, des exercices d'habileté avec les doigts, avec les mains, les jambes, vont te faciliter la vie au quotidien. Je suis séduit et décide de passer trois semaines là-bas après le coup de bistouri, et de continuer à faire du sport ensuite, à la maison.

L'intervention est un succès, et je suis on ne peut plus sérieux ensuite. Je fais tout comme on m'a dit de le faire pour atteindre mon objectif : remarcher. En vingt-deux mois, je passe de cent vingt à soixante-quatorze kilos. Et tout d'un coup, je peux à nouveau faire des choses que je ne faisais plus depuis longtemps. Bon, je suis la plupart du temps toujours en chaise, mais je gagne en autonomie comme jamais. Avant, il fallait me porter pour tout faire. Mais maintenant, aller aux toilettes tout seul, je peux. Aller aux toilettes tout seul ! Il faut s'imaginer ce que c'est que de demander à quelqu'un de te lever pour te mettre sur les WC ! Ce que c'est, pendant des mois, d'avoir ensuite à demander à quelqu'un de te remettre ton slip, ton pantalon. Parce qu'avant cette intervention, c'était ça ma vie !

Au-delà de ces raisons-là, cette opération change complètement mon propre regard sur moi.

Me mettre debout et ne plus voir mon gros ventre, par exemple, c'est une grande victoire. Et me trouver beau dans une glace ! Beau, j'en fais trop, être capable de me regarder en tout cas. Aller dans un magasin acheter une veste, dans un magasin normal, pas fait pour les gros, c'est également un triomphe, en tout cas pour moi.

Bon, il faut dire que j'adore les fringues. J'ai toujours adoré parler chiffons, c'est mon côté bimbo. J'ai un rituel avec deux copains. L'un fait des costumes et chemises sur mesure, l'autre des lunettes. Et mon grand plaisir, quand je suis avec eux, c'est de ne parler que de ça, de fripes, pendant deux heures. Ça me change des discussions autour du ciné ou de la télé, ça me lave la tête et puis j'aime passionnément discuter tissus, encolure, coupe, etc.

Plusieurs mois après l'opération, je retourne à la clinique pour une visite de suivi auprès de la psy. La porte du cabinet est trop étroite et mon fauteuil ne passe pas, j'arrive à me hisser sur mes béquilles et à faire trois pas pour me jeter sur un fauteuil. Elle m'annonce qu'aucun des membres de l'équipe thérapeutique n'était convaincu par ma volonté de perdre du poids. Ils avaient peur que je mente sur mon alimentation et sur ma volonté de me relever.

Pourquoi sont-ils si défaitistes? À cause de l'image que je renvoie, comme d'habitude. Celle d'un rigolo, d'un garçon qui ne peut pas être sérieux. Cette étiquette est aussi dure à enlever qu'une tache d'encre sur du coton, même avec du bicarbonate de soude qu'on laisse poser, un bon rinçage au vinaigre, un tamponnement avec cristaux de soude, puis ensuite…

Mais je m'égare. J'en reviens à mon étiquette de benêt. J'ai fini par prendre le parti de ne plus vouloir l'effacer, et j'ai de la chance, aujourd'hui elle s'est décollée. Le fait que *La Cité de la peur* ait été sélectionné à Cannes et que j'aie produit la cérémonie des César cinq fois a rebattu les cartes. Alors on a commencé à me prendre au sérieux. Je suis finalement passé de crétin des Alpes à génie inconnu. N'empêche que cet écriteau d'abruti, pour faire simple, je l'ai longtemps porté. Et pas uniquement celui-là, d'ailleurs. On pense toujours que la notoriété va de pair avec l'argent. C'est complètement faux.

Ça me rappelle cette anecdote sur ma femme qui se fait renvoyer de sa boîte comme un vieux chewing-gum à cinquante ans, après avoir été douze ans patronne de la communication chez Afflelou. Elle entame une procédure aux Prud'hommes. Le jour de l'audience, l'avocat adverse dit : « Madame est la femme de Dominique Farrugia, elle n'a pas besoin d'argent pour vivre ! » Ça, ça me révolte. Et ce n'est pas tout. La façon dont on me regarde m'a souvent mis en colère, depuis que je suis en chaise. Parce que vous l'aurez compris, vu peut-être, même si la *sleeve* est un succès et que je peux désormais faire quelques pas à la maison, dans la rue je suis toujours monté sur roues.

Je suis certain que tous ceux qui sont en fauteuil connaissent ça, les œillades appuyées, mais imaginez quand on cumule avec une petite notoriété ! C'est la double peine. On te regarde parce qu'on reconnaît ta bobine ET parce que tu es handicapé. Certains, juré craché, s'arrêtent parfois à un mètre de moi, et me dévisagent comme si j'avais déféqué sur la chaussée. Ma femme ne décolère pas quand on me fixe du regard. Elle ne fait rien, il n'y a rien à faire d'ailleurs contre ça, la connerie, l'absence d'éducation, mais ça l'énerve profondément. Et sans mentir, ça nous arrive tous les jours.

Aujourd'hui, je m'en fous totalement, je suis une toile cirée avec ça, ça glisse. C'est sûrement parce que j'ai l'habitude qu'on me scrute. Pour ma chevelure de rêve sans doute, ou juste parce que le public a commencé à voir ma tête quand j'avais vingt-six ans. J'en ai cinquante-huit aujourd'hui, donc tout ça, je n'y fais plus attention. D'autant que c'est plus souvent mal élevé que méchant.

Pas méchant non plus mais un cran au-dessus dans la crétinerie, la fois où j'emmène mes filles à Disneyland Paris. Je marche un peu, mais je me repose régulièrement dans mon fauteuil roulant entre deux attractions. On arrive devant A Small World, un manège que mes filles chérissent à tel point que je sais d'avance qu'on est partis pour le faire vingt et une fois. Je passe mon tour, je décide de les attendre devant. Un type s'approche avec sa fille, la pousse vers moi et lui dit : « Tiens Jessica, mets-toi à côté du monsieur, on va prendre une photo ! » Je lui fais remarquer que je suis dans ma chaise roulante, que pardonnez-moi monsieur, mais ce n'est pas très agréable d'être pris en photo comme ça. Et là le gars, sans doute un cousin de Borat, m'assène : « Mais on est à Disneyland, non ? » Voilà, le type me traite comme une attraction, au même titre que Dingo. Je suis tellement ahuri que je ne sais pas quoi répondre sur le moment.

De retour d'un voyage à Berlin, la chaise roulante qui doit venir me chercher dans l'avion et me conduire à mes bagages met énormément de temps à arriver. Les gens du ménage sont déjà en train de passer l'aspirateur. Je dis peut-être un peu énervé à l'hôtesse que ça fait bientôt quarante-cinq minutes que j'attends ma chaise, elle me répond : « Quand on est dans votre état, on ne voyage pas. » Je ne veux pas affirmer que c'est de la cruauté, c'est peut-être juste de la maladresse, mais ça fait mal.

C'est ça le quotidien des handicapés, parce que je suis sûr que des agressions, des épreuves, toutes les personnes en situation de handicap en vivent.

Après, je ne voudrais pas oublier de remercier les journalistes. Pour la réflexion qu'ils mènent avant de publier. Tous ne sont pas bêtes comme celui dont je vais parler, mais celui-là, il est médaille d'or. Quelqu'un m'envoie une page du *Monde*. L'article dit : « On a trouvé un traitement pour les jeunes malades de la sclérose en plaques », entendez ceux qui sont malades depuis peu de temps. Le rédacteur développe et l'article finit sur ces mots : « Bien sûr, pour les gens qui sont en fauteuil roulant, c'est bien trop tard. » J'aurais pu aller trouver le scribouillard et lui faire avaler son papier. C'est d'une violence dingue ! Bon, c'est vrai que celui qui m'envoie le papier n'est pas finaud non plus, puisque quand je le lis, je suis en chaise roulante, mais le journaliste, quel con !

Tout ça pour dire que les gens ne sont pas toujours habiles envers les handicapés. Parfois c'est voulu, parfois non. Parce que s'il y a bien une chose qui est difficile pour les valides, et j'en suis persuadé, c'est de se mettre dans la peau d'un infirme.

Nous, par exemple, on ne peut pas facilement bouger. Donc un rendez-vous dans un bistrot, quand on veut aller aux toilettes, c'est quasiment impossible. Les W. C. sont la plupart du temps au sous-sol. Et je ne donne là qu'un exemple des problèmes qu'une personne en fauteuil roulant va avoir à surmonter.

Quand je réserve une table dans un restaurant ou que j'ai rendez-vous quelque part, j'appelle toujours avant pour m'assurer que le lieu est facile d'accès, qu'un fauteuil peut entrer dans l'établissement. Et très souvent, on me répond : « Oui oui, c'est facile d'accès, il y a juste une petite marche. » Mais non, s'il y a une marche, je ne peux pas la monter ! Les gens ne pensent pas toujours à préciser quand il y a trois marches. Je ne peux pas leur en vouloir parce que ces marches, ils n'y pensent pas, ils les montent par réflexe. Mais moi, si je suis face à cet escalier-là, si je n'ai pas perdu beaucoup de poids et que je ne suis pas accompagné d'un aidant pour me soulever, je ne peux pas le franchir.

Parfois, je trouve des solutions pour honorer mes rendez-vous. Parfois pas.

Quand je renonce, parce que j'ai, à vue d'œil, plus de chance de gagner une course en sac, j'appelle la personne que je dois voir pour lui dire que je ne peux pas la rejoindre au bureau, que nous devons nous retrouver dans un troquet à côté. Je raconte ça à une copine, le fait que je ne peux pas toujours me rendre où je veux, que tout n'est pas accessible pour moi. Elle me demande pourquoi ce n'est pas moi qui fixe les lieux de rencontre. Je lui réponds que tu ne dis pas au président de TF1 par exemple : « Tiens, rejoins-moi à tel endroit ! » Ce n'est pas parce que j'ai une SEP que j'ai tous les droits. On ne m'a pas donné une carte Joker !

Il y a une autre raison pour expliquer que je ne demande jamais à ceux avec qui je travaille ou négocie de faire l'effort de venir à moi. Et cette raison est simple : je me mettrais dans une position de faiblesse telle que ma négociation serait morte. Il est inconcevable pour moi de perdre du terrain en disant : « Monseigneur, venez-en bas s'il vous plaît. » Jamais ! Sinon on a perdu d'avance. Il faut toujours être à égalité. Il a une cravate, tu portes une cravate. Tu demandes à t'asseoir sur un siège et à ce qu'on enlève ta chaise roulante, comme ça, tu n'es pas dans une infériorité directe. À ses yeux, tu n'es pas un mec qui se traîne dans un fauteuil, tu fais un effort pour te lever. Le gars voit que tu en baves, en général c'est le moment où il s'excuse quarante-deux fois. Alors la négo penche en ta faveur…

Parfois, les gens ne savent pas que j'ai une SEP, ils croient que je joue la comédie : « Monsieur Farrugia, pas la peine d'en faire tout un cinéma », ai-je déjà entendu. Quand ils l'apprennent, ils se sentent tout penauds. Je n'en veux pas à ceux qui ne savent pas. Ni à eux ni à personne d'ailleurs.

J'en veux à cette saleté de maladie de m'être tombée sur la tête. Je ne peux pas m'empêcher de penser à tout ce qu'elle m'enlève, à tout ce qu'elle anéantit tout le temps. La liste des choses que je ne pourrai plus jamais faire à cause d'elle ne tourne pas en boucle dans ma tête, mais j'y pense souvent quand même.

Je ne marcherai plus dans Manhattan, je ne découvrirai aucune ville nouvelle à pied. Je n'irai plus au Louvre comme j'y allais si souvent avant, quand tout était à hauteur d'œil. Je ne peux plus dîner en terrasse et retourner en marchant à la maison quand il fait doux à Paris, ça non plus je ne peux plus le faire, on me l'a retiré. La balade, on me l'a enlevée. Pouvoir aller au jardin du Luxembourg, traverser ses grandes allées mes journaux sous le bras et aller les lire là-bas, c'était génial. Je le faisais très souvent avant, aujourd'hui, c'est fini.

On a tous, dans nos villes, un petit bistrot en bas de chez nous, où on aime bien se mettre en terrasse, prendre un café. Avec la maladie, je ne compte plus les obstacles : descendre tout seul, faire entrer et caler ma chaise dans l'ascenseur (souvent pas suffisamment grand pour l'accueillir), passer une marche au minimum (il y a toujours une marche à un endroit ou à un autre), une porte (comment je l'ouvre ?), descendre la rue (un peu en pente, c'est facile, mais après il va falloir que je la remonte…). Est-ce que j'ai vraiment envie de faire tout ça ? Descendre le trottoir ? En marche avant ce n'est souvent pas possible, alors OK je le ferai en marche arrière. Mais comment je remonterai mon fauteuil ensuite pour rentrer à la maison ? Je n'aurai pas assez de force dans les bras. Allez, j'abandonne l'idée de prendre un café dehors.

Si je pouvais faire trois vœux, ce serait :

1. Que ma femme me tienne la main pour autre chose que me redonner l'équilibre.
2. De marcher avec mes filles, qu'on aille se balader, ce qu'on n'a jamais pu faire.
3. De monter les marches à Cannes pour un film sélectionné par le Festival. Ça c'est carrément inconcevable.

6

Je me relève

Rien ne dit que je me relèverai un jour, que je quitterai complètement mon fauteuil roulant, rien. Mais il n'est pas question d'enterrer cette idée. Les médecins me donnent 50 % de chances d'y arriver. Je m'en donne beaucoup plus. Selon eux, j'avais 20 % de chances de maigrir. Et je leur ai fait mordre la poussière (c'est une image !).

Ma vie n'est pas cadencée par la sclérose en plaques. Si ça me hante, je suis foutu. Je me lève le matin, et je vais bosser. Alors, il y a des jours où je ne peux pas, où je suis trop fatigué ou j'ai trop mal, ça m'arrive. Ça m'arrive même tous les matins, d'avoir le sentiment d'être passé au mixeur, mais je ne m'écoute pas, sauf quand je ne peux vraiment plus faire autrement.

Parfois je me dis : « Pourquoi moi ? Juste moi ? » Je crois que c'est humain de se dire ça, que c'est quelque chose qu'on se demande tous quand il nous arrive une tuile. Un truc de l'ampleur de la sclérose en plaques encore plus. Ça ne veut pas dire que si j'avais le choix, qu'on me proposait de filer ma maladie à quelqu'un d'autre, je le ferai (quoique...), mais je me demande pourquoi j'ai mérité de vivre ça. Je n'ai pas la réponse à cette question.

Je garde pourtant toujours en point de mire de renverser le destin et de remarcher un jour. Ou plus exactement de me remettre debout et de faire plus que les quelques pas que je fais aujourd'hui, parfois. Je veux revenir à ce que j'étais il y a trois ans. Avant ce voyage infernal, j'arrivais chez moi, je posais ma chaise roulante dans un coin et je faisais tout à pied.

Aujourd'hui je ne peux plus le faire, je voudrais revenir à ça. Je ne parle pas de faire un marathon, je sais que même traverser une rue, ce ne sera sans doute pas possible, ou alors en ayant douze bonnes heures devant moi. Je veux juste retrouver suffisamment d'autonomie pour aller de ma chambre à la salle de bains ou à la cuisine. Je veux pouvoir m'asseoir sur une chaise et me relever, c'est ça que je veux. J'ai l'ambition étroite parce que la possibilité est mince, je ne me leurre pas.

Actuellement, je fais tout en fauteuil, même chez moi. Je rêve de pouvoir m'habiller, me déshabiller seul, de ne pas sans cesse avoir besoin de quelqu'un pour enfiler mes chaussures, mes chaussettes. C'est plutôt l'inverse d'ailleurs, en général on met d'abord ses chaussettes et ensuite ses chaussures.

Aujourd'hui on sait, ce qu'on ignorait il y a trente ans, que la pratique du sport aide à marcher, à renforcer les muscles. Moi je n'ai pas fait tout ça parce qu'à l'époque où je suis tombé malade, les médecins ne préconisaient pas ça. Ils n'incitaient d'ailleurs qu'à bien prendre son traitement, et à se reposer.

De nombreuses études ont montré que c'est bon pour la sclérose en plaques de faire du sport. Au début de ma maladie, il ne fallait surtout pas aller au bout de l'effort car on pouvait déclencher une poussée. Mais j'ai compris que l'activité physique adaptée est un véritable moyen de se remettre debout. J'en fais trois fois par semaine grâce à un coach, mais la constante de la sclérose en plaques, je l'ai déjà dit, c'est qu'on ne s'attend jamais à ce qui va arriver.

Parfois, c'est du bon qui vient. Il y a des SEP qui s'arrêtent. Au début des années 1990, j'ai commencé à prendre des cours de yoga avec une prof qui avait été danseuse. Elle ne se risquait plus à faire de sauts de chat, mais elle était restée suffisamment agile pour donner des cours. Les leçons qu'elle me dispensait étaient censées m'aider à m'assouplir. Je dis «censées» parce que je suis aussi sportif que je suis suédois. Toujours est-il qu'un jour, la fille m'annonce qu'elle ne reviendra plus, qu'elle reprend la danse, car sa SEP a disparu. J'entre dans une colère noire, comme le jour où mon copain avait eu ce job chez RTL et pas moi. Non non, ce n'est pas vrai. Je suis vachement content pour elle, mais je ne peux pas m'empêcher de penser que ma fin à moi sera sans doute différente.

Pour moi ça ne s'arrêtera pas. Comment je le sais? Parce que ça fait trois décennies que je vis avec une sclérose en plaques. Elle, ça ne faisait pas longtemps qu'elle était touchée, une poignée d'années. La maladie est réversible quand elle est récente, il y a des études qui le disent et des cas qui le prouvent, mais d'abord c'est aussi rare que de croiser un croco en ville (sur pattes le croco), et en plus j'insiste, il faut vraiment que la maladie en soit à ses balbutiements.

Que ceux qui me lisent et qui ont une SEP avancée ne commandent pas tout de suite une corde. Parce qu'il y a quand même de la lumière au bout du tunnel. Et pas la lumière genre ton heure a sonné, mais un phare dans la pénombre... (c'est beau ça comme phrase, non?).

Trêve de plaisanterie, les scientifiques réussiront peut-être un jour à recréer de la myéline, et ce procédé éliminera la sclérose en plaques. La myéline, je vous explique : c'est une gaine protectrice qui entoure les neurones et quand on a une SEP, c'est qu'il y a des trous dans cette gaine. Donc ça fait court-circuit et le corps ne répond plus : bras, yeux, jambes, c'est la loterie. Si les chercheurs trouvent comment recomposer ou raccommoder la myéline, je le dis à nouveau : adieu la sclérose en plaques. Il y a plein d'études, d'expérimentations et d'essais en cours, qui ne donnent certes rien pour l'instant, mais déjà, les chercheurs ne lâchent pas l'affaire. On ne peut que s'en réjouir.

Bon, me concernant, je suis plus négatif. Je ne pense pas qu'on aura trouvé un traitement efficace à temps. Je pense que je vais passer à côté de cette découverte, même si je ne veux jurer de rien. Je suis peut-être dans le faux, mais lorsqu'on est malade depuis si longtemps… Encore une fois, je ne dis pas que les études ne donneront rien, au contraire j'espère qu'il y aura des résultats, et une partie de moi y croit. Parce que si demain on trouve de quoi reconstituer la myéline, avec l'aide d'un bon kiné, je pourrai remarcher, pas courir mais marcher à nouveau, quarante, cinquante, peut-être cent mètres.

La preuve que j'y crois, c'est que je me tiens au courant de toutes les avancées concernant la sclérose en plaques. Non d'ailleurs c'est faux, on me tient au courant. Plein de gens m'envoient régulièrement des articles, c'est mignon comme tout.

Et puis je ne vais pas mentir, j'ai essayé plein de trucs, pas pour venir à bout de cette saloperie, mais pour améliorer ma qualité de vie.

Pour l'insomnie (dont j'ai déjà dit qu'elle allait souvent de pair avec ma maladie), j'ai tenté différents traitements, mais rien de concluant. On m'a conseillé la vitamine B. On s'en balance, ça n'a rien changé. J'ai pris de la vitamine C, je me suis avalé quarante ampoules, ça ne sert pas à grand-chose non plus, sauf peut-être à vouloir avoir le teint de Donald Trump, un truc tirant vers l'orangé, ce qui n'était pas dans mes projets immédiats.

S'il y avait un traitement simple, la vérité, c'est que ça se saurait.

En revanche, pour des gens qui sont diagnostiqués aujourd'hui ou en tout cas qui l'ont été très récemment, il y a quelques années, il existe des médicaments qui empêchent de faire de grosses poussées. Ça, déjà, ça change tout. Les poussées successives, surtout si elles sont fortes, peuvent amener le patient à ne plus pouvoir serrer une main, bouger une jambe, remuer les orteils, voir de loin ou de près. La sclérose en plaques est suffisamment sournoise pour ne pas se traduire par des douleurs mais plutôt par des paralysies momentanées de certains membres.

J'ai souvent entendu la phrase : « Tu n'as pas mal, tu n'es pas malade. » Ça n'est pas la douleur qui est le plus insupportable dans cette maladie, c'est souvent la fatigue chronique, la perte de mémoire, la difficulté de bouger, de marcher, de voir. Combien de malades ont entendu cette phrase : « Bouge, ça te fera du bien ! », alors qu'on a envie de crier : « Si je ne bouge pas c'est que je ne peux pas, connard ! »

En ce qui me concerne, je ne serai pas prêt, plus prêt, à essayer tous les protocoles possibles pour me sortir de la SEP, non. Depuis cette chimio, celle qui m'a donné envie de me foutre en l'air tant je souffrais, tant je *dépressionnais*, c'est non. Chimio « m'a tuer ».

Quelque chose me maintient indéniablement en vie : mon travail. C'est grâce à lui que je trouve chaque jour la force de me lever et d'avancer. J'ai vécu tant de fabuleux moments au milieu des tourments que m'inflige chaque jour mon handicap…

Dans le désordre, je parlerais de *L'Amour c'est mieux à deux*, film qui sort en 2010 et que je coréalise. J'avais eu beau jurer mes grands dieux que jamais ô plus jamais on ne m'y reprendrait depuis *Trafic d'influence*, cette fois j'ai dit oui, mais pas si simplement que ça. En fait, Arnaud Lemort, un auteur de longs-métrages que j'aime beaucoup, vient me voir avec ce script, qu'il a écrit il y a longtemps. Le projet est prometteur, je lui propose qu'on le réécrive à deux. On travaille beaucoup, nous faisons moult versions et obtenons au final un projet qui nous plaît. Je lui offre de réaliser le film, qui deviendrait ainsi son tout premier en tant que réalisateur. On propose en parallèle le rôle masculin principal à Manu Payet, que je connais bien, qui hésite beaucoup avant de s'engager, croyant qu'il n'a pas encore l'âge de jouer un avocat, du moins crédible. On soumet les deux autres grands rôles à Clovis Cornillac et Virginie Efira, qui acceptent d'emblée. Virginie n'est à l'époque pas encore connue, du moins au ciné parce qu'à la télé en revanche si, et Clovis a déjà tout des grands. Je propose la distribution du long-métrage à Studio Canal, qui m'oppose un refus. Les patrons de l'époque émettent des doutes concernant le fait qu'Arnaud Lemort réalise son premier film, ils ont peur, pour dire les choses clairement, de miser sur lui.

Un soir, je regarde un documentaire sur John Huston, acteur et réalisateur mythique américain. Je vois des images d'archives qui le montrent en chaise roulante, masque à oxygène calé sur le nez, en plein tournage du dernier film qu'il réalise : *Les Gens de Dublin*. Je comprends que c'est un métier qu'on peut faire en fauteuil. Je propose à Arnaud, afin que son film prenne corps, de coréaliser avec lui, ce qu'il accepte volontiers – Canal + me connaissant, ça changea sans doute la donne. D'autant que celui qui m'avait rabroué est sur le point de partir et d'être remplacé par Camille Trumer. Je connais bien Camille, et nous nous estimons. Je lui passe un coup de fil quelques semaines avant l'annonce de sa prise de poste, et lui demande de lire le scénario. Il s'exécute, me donne son accord avec un bémol : que le film ne coûte pas cher. On tournera pour 3 ou 4 millions, de mémoire, ce qui, en termes de budget pour un long-métrage est plus que raisonnable.

Voilà maintenant où je veux en venir : je ne suis pas debout pendant le tournage, je suis en chaise roulante, du moins en apparence. Parce qu'en réalité, je suis à la verticale, et c'est surtout cela que je veux que les handicapés entendent. Qu'occuper ses journées à faire un métier qu'on aime décuple les forces, et surtout, surtout, ouvre des fenêtres de bien-être dans une vie qui, par ailleurs, à un arrière-goût d'enfer.

Heureusement que j'ai décidé de coréaliser ce film. J'ai à nouveau pris un plaisir immense à faire le cadre, à choisir les optiques, à apporter mes références, à travailler avec des comédiens, à avoir des plans en tête et vouloir les imprimer sur bande. Ce film a été une bénédiction pour moi et pas seulement parce qu'il me redonnait goût à la réalisation, mais parce qu'il insufflait un nouvel élan à ma société de production, qui faisait grise mine à l'époque. Parce que le film a été un succès aussi, en salles puis à la télé. Il ne pouvait, en même temps, pas en être autrement : dès le début, ce long-métrage était béni des dieux.

Le dernier jour de tournage, par exemple, la scène finale se déroule dans le Thalys à la gare du Nord. On tourne la fin, écrite sur le scénario, mais ni Arnaud ni moi n'en sommes satisfaits, on la trouve molle. Pendant qu'on filme, il y a dans la gare une manifestation du personnel de nettoyage. Comme ils ne peuvent pas manifester normalement, c'est-à-dire arpenter le lieu de long en large parce qu'il y a trop de monde, ils tapent sur des grands bidons vides toute la journée. Ça fait un bruit assourdissant alors qu'on est en train de tourner. Je résume : on n'aime pas ce qu'on est en train d'enregistrer, même si on le met en boîte, et en fond sonore, on a la manif archi bruyante.

À la fin de la journée, nous rentrons chez nous avec un goût d'insatisfaction dans la bouche. Je me demande s'il ne faut pas qu'on tourne à nouveau mais remballe l'idée, parce qu'on n'a tout simplement pas l'argent pour le faire. Le téléphone sonne, Dominique Brunner, la directrice de production du film, m'appelle. Elle sait que je suis très dubitatif quant à la fin et me dit : « Tu vas être content, la pellicule de cette scène est voilée, donc c'est l'assurance qui paie ! » En temps normal, n'importe quel réalisateur se serait écroulé et lamenté, mais pour moi, c'est une aubaine puisqu'on peut tourner une nouvelle scène. Alors, béni des dieux ou pas ? Assurément ! D'autant que la fin qu'on a pondue est vraiment sympa. Et puis on s'est fait plaisir sur le générique. D'abord en choisissant une chanson que Thomas Dutronc a écrite pour nous et qui donne une très belle couleur à ce film, et puis en faisant défiler toute l'équipe technique devant la caméra. Ils ont joué des voyageurs qui descendent du train, du coup quand je revois la fin de ce long-métrage, ça me bouleverse.

L'Amour c'est mieux à deux a fait plus d'un million deux cent mille entrées, preuve que le bonheur est contagieux. Et c'est ce projet qui m'a donné l'envie de continuer dans la réalisation. Est-ce que j'ai bien fait? Oui, sur certains films, toujours des comédies romantiques. Il n'y a visiblement que dans ce couloir de nage que je suis bon, mais là, après ce film, c'est d'un long-métrage d'action dont j'ai envie. Enfin, disons que c'est plutôt l'envie qui vient à moi.

Quelqu'un me souffle l'histoire d'un type qui se fait passer pour un autre. Je trouve l'idée marrante et originale, et y vois la possibilité d'en faire un spectacle avec flingues, courses-poursuites et tout le toutim, un de mes rêves secrets.

Je demande à des auteurs de l'écrire, on se retrouve à la fin pour que j'y mette ma patte, et puis on cherche, comme d'habitude, un réalisateur. Vu que je sors d'un succès et qu'en plus j'ai adoré réaliser *L'Amour c'est mieux à deux*, je prends le poste. Et sur ce coup, j'ai le rêve large, envie d'un décor enchanteur.

À l'époque, l'un de mes deux meilleurs amis, Henri Delorme, vit aux Philippines, avec son frère, que j'appelle. C'est avec Benoît que j'ai notamment monté Comédie ! et il en est devenu le directeur de production. Bref, je lui téléphone, lui dis que je veux de la plage paradisiaque, un bel endroit pour filmer un casse, je veux ceci, cela… et il m'envoie ses photos.

Le lendemain, j'appelle Dominique Brunner et Kader Djedra qui sont les deux personnes avec lesquelles je produis pratiquement tous mes films, et je leur dis qu'on va tourner celui-là aux Philippines et qu'il s'appellera *Le Marquis*. Ils tombent tous les deux de l'armoire, parce que j'ai oublié de dire que j'annonce vouloir faire le film en six semaines. Ils trouvent ça dingue, mais comme d'habitude, me suivent. On décide qu'on tournera les scènes d'intérieur à Paris et les extérieurs aux Philippines.

Le casting se fait très vite, j'imagine ce film avec Franck Dubosc, Richard Berry et Jean-Hugues Anglade. Étonnant, diront certains, de penser à lui, si doux, jouant le rôle d'un méchant, mais moi je l'y vois très bien, c'est même comme une évidence que ce doit être lui. Je ne le connais pas, je l'appelle, et rendez-vous est pris dans mes bureaux, à Boulogne-Billancourt. Il me pose des questions sur le scénario, sur sa partie et, après quelques minutes d'échange, accepte d'endosser le rôle. Pour l'anecdote, j'ajoute que Franck (Dubosc), lui, me dit oui à sa façon. Je lui donne le scénario, il m'envoie le lendemain, ou quelques jours plus tard, une photo de son fils, bébé, dans sa poussette, le script dans les mains, à l'envers, et Franck met en légende de la photo : « S'il aime, je le fais ! » Ça m'a fait rire.

Nous voilà tous partis aux Philippines, pour finalement deux mois de prises de vues folles, de rigolades en cascade, notamment parce qu'on tourne une partie du film en tagalog, la langue qu'on parle dans le pays. On est obligés d'en passer par là car l'un des acteurs que j'ai engagés, Joel Torre, est philippin. Je le voulais absolument au casting puisque chez lui, c'est une mégastar, le Depardieu de l'île, et que je le trouve génial. Donc je le prends dans son jus, ce qui me permettra d'ailleurs de faire rire en salles en le sous-titrant dans le film, et plus il parle fort, plus les sous-titres grossissent sur l'écran.

Le tournage, je le dis à nouveau, est un moment hors-sol. La sortie c'est pareil, mais version dans le sol, bien enfoncé. Le film ne marche pas et je pense que c'est en partie de ma faute. Je n'ai pas emmené ma monteuse en tournage, elle est restée à Paris, où elle recevait les rushes, c'est-à-dire les images, chaque jour. Grosse erreur, que je ne commettrai plus. En temps normal, elle est toujours là, tout près des plateaux de tournage, afin qu'on échange, qu'on fasse le découpage des séquences ensemble, qu'elle puisse me demander une nouvelle prise si elle trouve que les enchaînements de scènes ne sont pas limpides. Là, comme elle n'est pas présente, je ne sais rien ou presque de ce qu'elle veut, et elle-même ne sait pas ce que j'ai en tête. En clair, le montage capote et le film n'a pas toujours queue ou tête.

C'est très dommageable, un film qui ne remporte pas suffrage, mais si j'en parle ici, c'est pour dire que ce long-métrage m'a permis en revanche, bien qu'assis dans ma chaise roulante de bout en bout, de me sentir debout. Moments volés mais pris ! Je voudrais que les handicapés sachent ça, que malgré un quotidien pesant, on peut vivre ce genre d'instants. Il n'est pas question de m'ériger en modèle, juste de dire comment je gère mon handicap. Dire que plus on génère de joie, plus on en reçoit.

Christophe Lambert m'appelle quelque temps après la sortie du film *Le Marquis*, en 2011. Je ne parle pas là de l'acteur mais du directeur général de Luc Besson. Il me propose de rejoindre Europacorp, l'entreprise de Luc, parce que, me dit-il, ils n'ont pas de producteur de comédies dans l'équipe. J'intègre l'écurie et caresse l'envie de faire un film sur l'idée que la vie est un brouillon qu'on ne peut pas remettre au propre.

Je déjeune avec Matthieu Delaporte et Alexandre de la Patellière, deux auteurs (ceux de la pièce *Le Prénom* notamment) avec qui j'aime beaucoup travailler et que je connais bien. Je leur propose de développer l'intention, ils me rendent deux pages quelques jours plus tard. Je trouve le texte fort, mais je suis déçu qu'ils déclinent finalement le développement de mon film. Je suis obligé de me rendre à l'évidence, ils croulent sous les projets et sont déjà engagés ailleurs. Je n'ai pas envie d'abandonner ce projet, mais ne parviens pas à le déployer seul (d'ailleurs je n'arrive jamais à rien seul !).

Je rencontre différents auteurs qui me séduisent mollement et finis par faire la connaissance de Nans Delgado et Fred Hazan. Ils me plaisent, je les engage. Le scénario est écrit et le titre du film trouvé : *Bis*. Je demande à Luc Besson d'y jeter un œil avant les millions d'euros, et Dieu que j'ai été bien inspiré ! Il me dit que ce script est comme une très belle voiture, mais qu'elle a un moteur qui roule à deux à l'heure. Traduction : démonte et remonte ! Il a raison. Je n'aurais pas supporté de rater ce film.

Car il est autobiographique. Le rôle de Franck Dubosc, c'est moi adolescent. Et son père dans le film, c'est Gérard Darmon, qui a surtout le caractère du mien dans la vie, point pour point. Je reconstitue le quartier de mon enfance, et surtout le café de mes parents, Le Verdier, où j'ai grandi.

Je n'ai pas besoin de donner d'indications de tournage à Gérard, il sait qu'il joue le rôle de mon père. Comme toujours, il est d'une justesse folle et force de propositions, toutes plus subtiles les unes que les autres. Franck est formidable, plus drôle et touchant que je ne l'avais rêvé. Quant à Kad Merad, qui joue le rôle de mon meilleur pote, il est comme d'habitude phénoménal. Je m'arrête une seconde pour dire que je connais Kad depuis des années, puisqu'il a travaillé sur Comédie ! au début de la chaîne, et il n'a jamais changé. Même après l'extraordinaire succès de *Bienvenue chez les Ch'tis*, il est resté le même, simple. Je le souligne parce que c'est rare.

On commence le tournage de *Bis*, tout va bien pendant… quelques heures. Puis je suis pris soudainement de maux de ventre insensés. Je consulte un spécialiste, qui me fixe un rendez-vous pour faire une coloscopie virtuelle. C'est le même examen qu'une coloscopie classique, mais sans l'intrusion là où je pense. Je suis ravi que cette option existe, et comprends que pour préparer la minime intervention, il me faut me vider – entendez : entièrement. Je n'entre pas plus dans les détails, j'ajoute juste que je prends des solutions buvables de couleur blanchâtre, qui me font assidûment fréquenter les toilettes.

Là où ça devient cocasse, c'est que je prends ledit traitement au début du tournage de *Bis*. Et que je quitte donc régulièrement, non fréquemment, non, carrément tout le temps, le plateau pour aller me soulager. Comment ça se traduit? Par des «Coupez!» chaque fois que j'en ai besoin. Mouss, le garçon qui m'accompagne partout depuis quatorze ans, est derrière ma chaise roulante non-stop, toujours prêt à piquer un sprint jusqu'aux WC, ceux que j'ai fait installer rien que pour moi quand j'ai compris qu'il m'en fallait toujours un de libre. Et je n'exagère pas, ce désir n'était… comment dire… pas possible à décaler. La bonne nouvelle, c'est que la blague a duré tout le tournage. J'étais ravi!

On tourne *Bis* à toute allure, je me souviens d'ailleurs être encore en montage à trois semaines de sa sortie, ce qui n'est pas du tout l'usage dans la profession. Ensuite, je le montre à Christophe Lambert, qui me dit ne pas croire à telle scène ou telle autre. Je lui propose de faire un test et de le montrer à un public choisi, c'est-à-dire à un public qui aime les comédies, et qu'ensuite, nous ne garderons au montage que les scènes qui amusent ou émeuvent. Les gens ont ri partout, et on a rempli une salle de six cents personnes. Je me souviens qu'on avait pris des détenteurs de cartes de fidélité de cinéma, et il fallait que chacun ait au moins vu un film avec Franck Dubosc ou un film avec Kad Merad dans l'année pour être invité.

Le jour J, on est à l'UGC Bercy, la salle est pleine à ras bord, les spectateurs rient beaucoup et sont touchés, je le vois. Ce que je vois aussi, c'est une longueur au début du film. On le présente ensuite au Festival du film de comédie de l'Alpe d'Huez en ouverture, et là pareil, ça rit énormément mais je sens à nouveau cette mollesse au début. Je me souviens de Gad Elmaleh, présent à cette projection, qui me dit combien il a aimé mais qu'il trouve dommage cette première séquence, que j'aurais peut-être dû la raccourcir. Parce que j'ai le même sentiment, j'appelle la monteuse, nous coupons, et le film sort en 2015.

Avec l'équipe, nous entamons la promotion. On fait une série d'interviews, à la télé, dans des hôtels, comme c'est souvent le cas avec les journalistes, notamment de presse écrite. À la fin d'une de ces journées de dingue (parce qu'on est sur un rythme fou), mon frère Fred m'appelle et m'annonce que papa est mort. Je finis l'interview et je m'installe au bar de l'hôtel pour écrire ce que je dirai le lendemain face au cercueil de mon père. Je vis le pire drame de ma vie à cet instant. Je retourne auprès de mon équipe et leur annonce que je leur laisse les commandes et rentre chez moi.

Ce film parle de mon père et il ne l'a jamais vu. J'ai eu la chance cependant qu'il vienne un jour sur le tournage, avec Fred justement. C'est la dernière photo que j'ai de nous trois, devant la reconstitution du Verdier, notre café.

Bis a eu du succès, au cinéma autant qu'à la télévision plus tard. Il est fréquemment diffusé depuis des années, et plaît toujours. Il porte la marque de mon plus grand chagrin personnel et de ma plus belle réussite cinématographique.

Sous le même toit, sorti en 2017, est également un film empreint de tristesse et de joie, parce que deux mois avant le début du tournage, Christophe Lambert meurt. Nous avions décidé de coproduire ce film tous les deux, toujours pour Europacorp, quand un cancer foudroyant l'emporte. Il était un grand homme de cinéma mais ce n'est pas ce qui explique la douleur qui me tenaille quand il disparaît. Il était de ces patrons qui ne m'ont jamais fait sentir que j'étais malade ou handicapé, de ces personnes qui voient en l'autre son fond et non sa forme. Sa disparition me fait beaucoup de mal, je l'aimais énormément, et je commence donc ce film sans lui, amputé.

C'est difficile, on le sait tous, de continuer à travailler, de se concentrer, de simuler le bonheur quand on va mal, que l'on sort d'une épreuve. Mais je le fais sur ce tournage, parce qu'il n'est pas question de diffuser à l'équipe un autre sentiment que la gaieté. Il est du devoir du réalisateur a fortiori, d'être drôle et sympathique, même s'il vient d'enterrer un être cher, même s'il craint de rater son film, ce qui est à cet instant-là mon cas. J'enlève « à cet instant », pour avouer que j'ai peur chaque fois que je tourne. Heureusement en un sens, parce que je pense cette angoisse fertile, mais quel combat contre soi-même que de douter sans jamais l'afficher…

Pour la rédaction du scénario, je travaille avec un nouvel auteur : Laurent Turner. J'ai envie de collaborer avec lui depuis un moment. Le synopsis est simple. Quelqu'un m'avait fait lire un papier dans le journal *Libération*, quelque temps avant, sur le fait que des couples qui divorcent n'arrivent pas à se séparer de corps, c'est-à-dire ne peuvent pas trouver deux appartements aussi bien que la maison dans laquelle ils vivaient jusqu'alors. Qu'ils sont donc souvent obligés, in fine, de continuer à cohabiter, pour ne pas perdre leur qualité de vie. Ce qui est étonnant, c'est que pendant que j'élabore ce script, un autre réalisateur fait un film beaucoup plus triste avec Bérénice Bejo dans le rôle principal, qui s'appelle *L'Économie du couple*, sur le même thème.

Bref, on arrive finalement à pondre un scénario qui nous va, et je propose à Gilles Lellouche d'endosser le personnage masculin du film. J'ai beau le connaître, je fais comme on doit faire, à savoir envoyer le texte à son agent, pour ne pas lui forcer la main à accepter mon projet sous prétexte qu'on est amis. Il aime, car il accepte d'en être. Je choisis Louise Bourgoin pour jouer sa femme, parce que je trouve qu'à l'époque, elle ne tourne pas suffisamment de comédies et suis persuadé qu'elle sera parfaite dans mon film, ce qu'elle est.

Pourquoi je décide à ce moment-là de tourner un film sur la séparation ? Parce que, deux décennies plus tôt, j'ai tourné *Delphine 1 – Yvan 0*, et que ce nouveau film serait comme boucler la boucle : ils se sont rencontrés, ils voulaient vivre ensemble, vingt ans après ils se séparent, c'est la raison pour laquelle les personnages de *Sous le même toit* portent les mêmes prénoms : Delphine et Yvan. Je décide de faire une nouvelle comédie parce que je suis bon à ça, du moins je crois. Disons que je suis meilleur en comédies qu'en films d'action. Cela dit, je prends tout de même un nouveau virage avec celle-ci, parce que je la veux tirant vers le film d'auteur. D'où le choix de Gilles Lellouche, grand acteur, qui certes, sur le tournage, fait ce que je lui demande, mais a également un talent d'improvisateur hors norme.

Si l'équipe de comédiens me plaît en tous points, je suis en revanche plus mal à l'aise avec l'écurie technique. J'ai heureusement le chef opérateur avec lequel j'ai l'habitude de travailler. Je n'ai pas pu avoir mon premier assistant habituel, car au moment où j'entame le tournage, il est pris sur celui du film *Valerian* de Luc Besson, et pendant un an. Je ne pouvais pas attendre qu'il soit disponible pour tourner mon film.

Je regrette la fatigue harassante qui m'a habité tout au long de la réalisation. J'ai commencé épuisé, et j'ai fini à plat, totalement à plat. Une nuit, pendant le tournage, j'ai été pris d'un mal de gorge qui m'a donné de la fièvre. Pas beaucoup, mais de quoi m'inquiéter. Malade d'une sclérose en plaques, la fièvre est chez moi déclencheuse de poussées, de crises, autrement dit, qui peuvent être d'une rare violence et follement handicapantes. J'ai donc fait venir un médecin sur le plateau, qui m'a donné des cachets et conseillé une dose de cortisone, à prendre à l'hôpital. Dans mon malheur, une source de bonheur quand même : la fièvre m'est tombée dessus un vendredi. Juste le temps de faire un saut le samedi chez les blouses blanches, de prendre le traitement, de ne pas dormir pendant deux jours (l'un des effets de la cortisone) et de revenir ni vu ni connu dans l'équipe dès le lundi.

Épuisé, mais présent.

J'ai eu la chance d'être aidé par Maryline Monthieux, une extraordinaire monteuse, la meilleure à mes yeux. Le studio dans lequel nous tournons est en face de la salle de montage, et cela me place dans un confort fantastique. À mon arrivée chaque matin, je peux mettre mes plans en place, passer voir ma monteuse, regarder ce qui va ou non. Elle me donne ses indications ; c'est-à-dire qu'elle me conseille de tourner à nouveau telle scène ou une autre, sous un angle différent, etc.

Ce film, avec *Bis,* trône dans mon panthéon personnel. Parce que ces longs-métrages m'ont permis de faire jouer des acteurs de talent, d'abord. Mais aussi parce que *Sous le même toit* a reçu à l'Alpe d'Huez le prix du jury et le prix du meilleur acteur pour Gilles Lellouche. Et surtout, parce qu'aucun de ceux que j'ai croisés, que ce soit en écrivant le scénario, en le vantant, en le tournant ou le montant, ne m'a jamais regardé comme un handicapé. Ma vie est pavée de gens capables de jouer les passe-murailles, non, pas de jouer, d'« être » plutôt. Car ceux qui m'ont apprécié, reconnu du talent, voire aimé, n'ont jamais pris de posture, je l'aurais senti. Je sais que c'est une chance inestimable et j'ai parfaitement conscience que peu d'infirmes ont cette veine.

Pourtant, j'assure aux handicapés que le monde dans lequel j'évolue n'est pas le seul dans lequel on peut s'épanouir.

Et je voudrais leur donner quelques recommandations, tout particulièrement à ceux qui souffrent de sclérose en plaques :

Mieux vaut agir pendant que le mal est encore invisible, qu'il n'en est qu'à ses prémices. On n'embauche pas (facilement) un handicapé. Au début on peut cacher sa maladie quand elle est peu visible, jusqu'au moment où ce n'est plus possible. J'ai réussi à réaliser ce que je voulais faire : des films, des chaînes de télévision. J'ai jusque-là produit à peu près vingt-cinq films dans ma carrière, j'ai eu la chance de voir naître trois chaînes de télévision : Canal +, mes chaînes Comédie ! et Cuisine. TV.

Tout ça, je l'ai fait en étant malade.

Soignez-vous, à vive allure

La poussée d'une sclérose en plaques intervient souvent le matin. Tu te réveilles, ta nuit a été mauvaise et tu sens que tu as du mal à bouger une jambe ou tes doigts de pied, ta main, que tu parvenais à bien utiliser avant. Instantanément, dis-toi que tu es en train de faire une poussée. Dans ce cas, il faut avoir le réflexe d'aller directement chez ton neurologue ou même aux urgences. Parce que les poussées laissent des séquelles. Il ne faut donc surtout pas attendre.

Un jour, mon neurologue me raconte la visite d'une de ses patientes qui lui dit que ça fait une semaine qu'elle ne peut plus bouger son bras. Il lui demande pourquoi elle n'est pas venue tout de suite le voir, il aurait pu la traiter et avec un peu de kiné, elle s'en sortait. Là, ce n'était plus rattrapable.

Si tu ne traînes pas à consulter, ça peut remarcher. Si ce n'est pas pris très rapidement, ça ne marche plus.

Ne perdez pas d'énergie avec la colère

Je sais que c'est dur d'accepter d'être malade. Pour la première fois de ma vie, je me suis un tout petit peu résigné lorsque m'est arrivé le truc de Los Angeles il y a trois ans, où tout d'un coup, j'ai compris que je ne pourrais plus voyager seul. C'est très récent et je suis malade depuis trente ans. On s'habitue très difficilement à être malade.

Depuis que j'ai admis mon handicap, je me dis que si j'en passe par là, c'est que je dois en passer par là. Je ne dis pas que c'est dans mon karma (s'il existe un karma) de devoir supporter ça, mais je me demande si j'aurais pu faire tout ce que j'ai fait si je n'avais pas été malade. Je me pose régulièrement cette question.

Tant que votre cerveau fonctionne, tout peut fonctionner

J'aimerais convaincre les malades que leur affection n'est pas une petite mort, et que malgré la maladie, on peut faire des choses. Le handicap physique ne détruit pas le mental. Il n'y a rien de détruit chez moi. Ma sclérose en plaques a bousillé beaucoup de choses d'un point de vue corporel, mais rien d'un point de vue psychique. Ça démolit des possibilités de vie, et bien sûr, j'y pense, mais j'ai la chance de ne jamais tomber dans le « c'était mieux avant ». Certes, je préférais mon quotidien d'alors, c'était plus agréable d'aller rencontrer quelqu'un sans qu'on ait à me pousser jusqu'à lui. Mais si j'y pense, je n'en fais pas une obsession.

Je me rappelle une jeune femme, rencontrée il y a très longtemps, qui avait également une sclérose en plaques. Cette fille suivait tout ce que lui disait son médecin. Elle était en mi-temps thérapeutique, elle n'osait pas, par exemple, voyager parce qu'elle craignait la chaleur… Cette femme vivait dans une peur absolument folle de sa maladie. Et j'essayais de lui dire : « Mais vis ! ne t'arrête pas ! voyage ! »

J'ai réussi à ne pas vivre dans la terreur de la SEP. Même si certains matins, ma sclérose en plaques est bien là et qu'elle me fait bien chier.

Tâchez d'être meilleur que les valides

Voilà ce qu'il faut être quand on est atteint d'une maladie, d'un handicap.

Faire ses preuves plus que les autres pour prouver qu'on a sa place, travailler plus que les autres pour qu'on arrive à entendre : « Ah oui, il est vraiment fort ! » Parce que, je le dis à nouveau : on a moins envie d'engager un infirme qu'un gars en pleine santé. Cette peur est folle, mais sans doute compréhensible. Personnellement, je ne la comprends pas.

Même invalide, vous pouvez réussir, en tous domaines

Je m'intéresse à tous ceux qui excellent en leur domaine alors qu'ils sont diminués d'une façon ou d'une autre.

Franklin Delano Roosevelt, atteint de poliomyélite, est le seul président américain à avoir été élu trois fois. Se dire qu'un homme avec une paralysie des deux jambes, en chaise roulante une immense partie de sa vie, peut gouverner les États-Unis, laisse penser que tout est permis, que chacun peut avoir une chance de.

John Huston, grand réalisateur américain, ayant sans doute donné son plus beau rôle à Marilyn Monroe, a réalisé son dernier film, *Les Gens de Dublin,* avec un masque à oxygène et dans une chaise roulante. Quand je pense à lui, je me dis que moi aussi, je peux faire des films.

Et des handicapés qui se sont distingués, il y en a énormément :

Stephen Hawking, génie de l'astrophysique, a passé sa vie en fauteuil roulant. Larry Flint, le magnat de la pornographie aux États-Unis, est paraplégique.

Frank Zappa, musicien américain génial des années 1960 à 1990, a passé une année en chaise roulante. Un an pendant lequel il a composé ses trois meilleurs albums.

Frida Kahlo, la célèbre peintre mexicaine était, comme Roosevelt, atteinte de poliomyélite, et passait le plus clair de son temps allongée.

Michel Petrucciani, illustre pianiste et compositeur de jazz, avait la maladie des os de verre, il était handicapé de naissance.

Alex Zanardi, champion de Formule 1, est amputé des deux jambes. Il a été le vainqueur de quatre championnats.

Aaron Fotheringham, un des meilleurs skateurs au monde, est en fauteuil roulant.

Et il y en a beaucoup d'autres, beaucoup.

Le handicap ne détruit que le corps, pas le cerveau, je le dis à nouveau.

Ce livre, je l'écris pour de multiples raisons, mais l'une d'elles est que je veux dire à ceux qui sont atteints d'une affection incurable qu'ils doivent tout faire pour sortir de leur lit, se lever, et aller se battre. Je ne prétends pas que c'est simple de se battre quand on est amoindri, je dis même le contraire. J'affirme que c'est dur, c'est très dur de se lever quand la maladie réclame que tu restes au lit. Mais il faut avoir le courage, la foi.

Les femmes et les hommes que j'ai rencontrés et qui m'ont tendu la main sont légion dans toutes les sphères. Il suffit de compter les milliers d'associations qui émergent chaque année dans notre pays, s'attaquant à une injustice ou une autre, pour voir, mais d'abord savoir, que des gens bien, il y en a. À foison.

J'ai eu beaucoup de chance dans la vie, beaucoup, mais je pense que cette chance, on se la donne quand même un peu. Si je prends des risques c'est surtout parce qu'avec la maladie, je sais que tout peut s'arrêter demain.

Je ne veux pas, en achevant l'histoire de ma vie, ou du moins d'une bonne partie de celle-ci, faire office de moralisateur. Mais simplement dire que le handicap ne scelle pas une existence, pour peu qu'on décide, à défaut de pouvoir se lever, de s'élever…

7

Je m'élève

Parce que nous sommes douze millions de handicapés en France, uniquement en métropole.

Parce que les gouvernements se succèdent au rythme de leurs promesses, et que pourtant rien ou presque ne bouge.

Parce que, malheureusement, nous ne pouvons pas complètement leur en vouloir, car ils ne savent pas ce que nous endurons.

Il est quasiment impossible à un homme en bonne santé de se projeter invalide. J'en sais quelque chose. Jamais je ne pensais à cela avant d'y être confronté. Voilà pourquoi je n'aborde pas ce sujet avec Nicolas Sarkozy alors qu'il dirige le pays, même si nous sommes proches. Car à l'époque je suis debout, j'ai une canne, une grosse canne en bois, mais je marche et n'ai de surcroît que le droit d'auteur en tête. Le téléchargement illégal me heurte beaucoup à ce moment-là, et je lui demande d'agir sur ce problème, ce qu'il fait.

Ai-je alors la preuve que l'État peut quand il veut? Je le crois. Pourquoi les hommes politiques restent-ils cependant immobiles sur la question du handicap? Parce qu'ils sont débordés, parce que les infirmes ne se font pas entendre non plus. Je pense pourtant qu'il est temps que ça change.

Je n'ai pas l'intention, dans ces dernières pages, d'acculer nos dirigeants. Je préfère regarder droit devant. Et leur dire ce qu'ils ignorent : que les tâches les plus banales sont pour nous des épreuves, que la plupart de nos désirs restent suspendus dans le vide, que nous sommes en un mot : en soufFrance.

Donc je leur donne maintenant des solutions faciles à mettre en œuvre.

Et rapidement.

L'accès à l'emploi

L'un des problèmes majeurs des personnes en situation de handicap. Le taux d'inactivité est deux fois plus important pour nous que pour les valides, et nous passons deux fois plus de temps au chômage que les bien portants. Plus de cinq cent mille d'entre nous n'ont pas de travail. Si nous sommes physiquement amputés ou empêchés, nous ne sommes en revanche pas incapables. Mieux : nous sommes plus motivés que quiconque, car conscients qu'avoir un emploi, dans notre état, est une chance. Que les patrons y songent...

Qu'ils songent aussi à cette loi qui impose un pourcentage de personnel à mobilité réduite dans toute entreprise ayant plus de vingt salariés : 6 % de l'effectif total, pour être précis. Cet arrêté n'est aujourd'hui pas respecté. Les employeurs préfèrent payer l'amende plutôt que d'engager des handicapés.

La solution? Spécifier aux patrons qu'embaucher un infirme leur vaudra des aides de l'État. Et il y en a pas mal : à l'intégration, à la formation, à la remise à niveau, à l'adaptation des conditions de travail et j'en passe. Je ne vais pas donner tous les montants qu'une entreprise peut percevoir, mais dire qu'elle peut gagner jusqu'à trois mille euros à accueillir un handicapé, idem pour adapter son poste de travail, trois mille de plus s'il est en contrat d'apprentissage, quatre mille s'il est en professionnalisation et quatre mille supplémentaires pour compenser son handicap, c'est-à-dire pour lui permettre d'être autonome dans la société. Voilà. Ces aides sont cumulables et beaucoup sont renouvelables.

Une autre aide est disponible, et je la sépare des précédentes parce qu'elle est selon moi le point de départ pour qu'un handicapé puisse travailler : il s'agit du soutien financier aux déplacements. C'est à la personne concernée d'en faire la demande, mais son employeur doit l'appuyer. Et ce soutien, qui peut atteindre cinq mille euros, est également renouvelable. Là, l'État fait le job, et je le salue pour cela.

L'accès aux transports

Le métro

Sur les trois cent trois stations du métro parisien, seules les neuf stations de la ligne 14 sont accessibles aux fauteuils. En clair, nous avons accès à 3 % du réseau. Pour information, sachez que 82 % des lignes du métro à Barcelone et 88 % de celles de Tokyo sont accessible aux handicapés. À Londres, les métros sont accessibles, alors qu'ils sont les plus profonds d'Europe.

Que manque-t-il aux métros français pour qu'une personne à mobilité réduite puisse les emprunter ? Des ascenseurs ? Non, il y en a. Mais nous ne sommes pas autorisés à les prendre en fauteuil roulant. Parce qu'il faut qu'il y en ait à toutes les stations de la ligne, dixit les maires, les présidents de régions et les pompiers que j'ai interrogés. En clair : on ne nous croit pas capables de sortir à la bonne station.

La solution ? Admettons que nous ne balisions pas le parcours avant un déplacement, ce qui, soit dit en passant, est impossible, sachant que les handicapés doivent toujours tout calculer avant chaque mouvement. Mais admettons ! Il suffirait, pour résoudre ce problème, d'éditer des plans spécifiques pour les personnes à mobilité réduite indiquant les arrêts de métro auxquels on peut monter ou descendre. Vraiment pas compliqué à mes yeux.

Prenons maintenant le cas d'une personne en situation de handicap qui pourrait quitter son fauteuil et faire quelques pas. Pour se figurer l'ampleur de l'effort, capturons un exemple simple : vous avez une poussette, et un enfant à l'intérieur, bien sûr. Vous êtes face à un grand escalier du métro, et devez donc soulever la poussette d'un bras et prendre le bébé de l'autre. Tous les parents savent de quelle difficulté je parle.

Pour *L'Amour c'est mieux à deux*, j'ai donné un rôle à Sophie Vouzelaud, elle-même malentendante. Dans le film, elle explique que c'est très pratique pour elle de prendre le métro à Paris, elle jette le fauteuil dans les escaliers et elle rampe.

Je ne fais, encore une fois, aucun reproche à la classe politique, je sais qu'elle n'imagine pas le quotidien d'un handicapé. Je dis simplement qu'il faut qu'Emmanuel Macron transforme ses paroles en actes : « Le handicap sera l'une des priorités de mon quinquennat », avait-il déclaré le 3 mai 2017, en pleine campagne présidentielle, ajoutant : « Aujourd'hui il y a des dizaines de milliers de nos concitoyens [...] sans solution, livrés à eux-mêmes, à un quotidien auquel on n'apporte aucune réponse. » Je ne l'aurais pas mieux dit...

Les bus

Sur ce point, le gouvernement fait clairement un effort. Tous les véhicules neufs doivent dorénavant être à plancher bas, et avoir une rampe d'accès. C'est-à-dire que lorsque le bus s'arrête pour faire monter les passagers en fauteuil, la rampe se déplie. Sauf que si le trottoir est trop bas, la rampe est tellement pentue que cela demande un effort considérable à un invalide pour la grimper. Un effort tel que, souvent, il est obligé de choisir son arrêt de bus en fonction de la hauteur du trottoir.

La solution? Surélever le trottoir à toutes les stations de bus, tout simplement. Cela veut dire un peu de ciment en plus, c'est tout. Ce sont les communes qui doivent payer cela et ça ne chiffre pas démesurément. Qu'elles le fassent.

Les trains

La SNCF s'applique à faciliter le transport des invalides, c'est un fait, mais elle ne va pas assez loin, et assurément pas assez vite. Il existe actuellement un service d'assistance en gare pour monter dans le train. Problème : ces aides ne sont pas déployées dans toutes les gares. Dans les grandes villes, on est plus ou moins bons, mais dans les petites, il n'y a aujourd'hui plus de présence humaine. Un infirme qui ne vit pas dans une grande métropole ne pourra donc jamais prendre le train.

Imaginons maintenant qu'il arrive à rejoindre une gare qui offre ce service et parvienne au quai. Là, les aidants posent une rampe mobile devant la porte du train, qui fait monte-charge jusqu'à l'ouverture et mettent le fauteuil roulant dessus. Tout va donc bien? Non. La porte est souvent trop étroite pour faire passer un fauteuil. Alors on rembobine, on fait redescendre le fauteuil, on soulève la personne à mobilité réduite, on plie son assise et on hisse les deux pour les mettre dans la voiture. Cela se fait fréquemment, sauf, encore une fois, quand il n'y a pas d'aidants dans les gares, ce qui est tout aussi fréquent.

Les TGV ne posent pas ces problèmes, les services d'accompagnement sont présents, et les portes sont larges. Mais sur les trains Corail, c'est-à-dire, les lignes « normales », il est impossible de monter en fauteuil roulant.

Envisageons cependant, malgré ce parcours du combattant, qu'un infirme soit parvenu à monter dans le train. Il est maintenant assis à sa place. Espérons qu'il n'aura pas envie d'aller aux toilettes, car les WC ne sont pas toujours accessibles. Ce n'est même quasiment jamais le cas pour dire les choses nettement. APF France handicap, la plus grande association de défense et de représentation des personnes en situation de handicap, confie que beaucoup de leurs adhérents se plaignent de cela, à juste titre, expliquant que «des personnes se sont pissé dessus car elles ne pouvaient pas accéder aux toilettes». En termes de dignité, il faudra repasser !

La solution? Que l'ensemble des gares et des trains soient accessibles sans assistance. En attendant, faire en sorte qu'il y ait toujours un service d'assistance, toujours. Y compris dans les trains.

Les bâtiments publics

En 2005, une loi est votée pour donner accès aux handicapés à toutes ces bâtisses, qui ont dix ans pour s'exécuter et se mettre aux normes, donc jusqu'à 2015. Aujourd'hui, six ans après la date limite, 35 % des collèges, 18 % des lycées et 25 % des écoles primaires ne sont toujours pas équipés pour accueillir des invalides, dixit le dernier rapport de l'Observatoire national de la sécurité et de l'accessibilité des établissements d'enseignement. Et je ne parle pas des bureaux de poste, du Trésor public, des palais de justice et autres édifices publics non aménagés à ce jour en France.

La solution? Il faut arrêter de leur donner des délais supplémentaires pour s'y coller. Ils avaient jusqu'à 2015, ils ont désormais jusqu'à 2024. Ce n'est pas normal. Mais je ne dis pas qu'il faut leur mettre les amendes prévues s'ils ne sont pas en conformité. Je ne suis pas pour la punition en général. Je propose au contraire des gratifications. Je n'ai pas réfléchi à la forme de ces «bons points», mais je suis certain en revanche que la carotte est toujours plus efficace que le bâton.

Les lieux culturels

De nombreux musées, cinémas, théâtres, salles de concerts et autres lieux culturels sont inaccessibles. Seule une poignée de musées sont adaptés aux personnes à mobilité réduite. Onze complexes cinématographiques sur les cinquante-deux du territoire français sont pénétrables par des fauteuils roulants. Nous, handicapés, sortons déjà peu, puisque tout rime avec effort herculéen, mais sur le thème de la culture ô combien essentielle à tout un chacun, nous sommes ouvertement oubliés.

La solution concernant les musées et lieux d'expositions? Faire des travaux. Il faut installer des ascenseurs, faire sauter les marches devant la bâtisse, et à l'intérieur. Ça coûte trop cher? Soit! Il y a d'autres options, simplissimes, à mettre en place immédiatement. Première chose à faire : placer les œuvres à la verticale. Elles doivent être posées sur des murs et non des tables. Une toile, un écrit ou une sculpture couchée ne peut être vue d'une personne à mobilité réduite, puisqu'elle ne peut se pencher, se lever ou s'approcher.

Ajoutons qu'il faut simplifier la circulation, à savoir laisser de larges couloirs pour que les fauteuils puissent passer, ce qui n'est absolument pas sorcier vu l'espace aéré dont disposent ces lieux de culture.

N'oublions pas les autres formes de handicap, tels les malvoyants et ceux qui marchent peu car avec difficulté, par exemple. Prévoir pour eux de la lumière, de la signalétique, la possibilité d'utiliser un fauteuil roulant qui serait à disposition à l'entrée des espaces culturels. Et puis il faut placer des sièges tout au long du circuit, avec des accoudoirs pour pouvoir s'y tenir. C'est simple à réaliser et fera, en plus du bonheur des invalides, celui des personnes âgées et des femmes enceintes notamment.

La solution pour les cinémas? Les rénover, dans leur globalité. C'est là encore trop coûteux? Le chantier paraît pharaonique? Je le conçois. Il y a plus aisé : mettre une rampe d'accès. Je vous éclaire : aujourd'hui, rares sont les salles qui sont adaptées, c'est-à-dire équipées d'un ascenseur. À part le Publicis, pas une salle n'est accessible aux fauteuils sur les Champs-Élysées. Je parle ici de Paris mais je sais que c'est bien mieux en province, parce que là en revanche, tous les gros complexes construits ces dernières années sont accessibles. N'empêche que dans la capitale, aller au ciné pour un handicapé revient à escalader un temple maya. C'est inadmissible.

Heureusement, quand on fabrique des complexes aujourd'hui, on pense aux personnes à mobilité réduite, il y a des emplacements pour nous. Mais c'est très récent, et on n'en construit que tous les 32 du mois. Il m'est arrivé récemment de répondre à des amis qui m'invitaient à une avant-première au Normandie, une salle de la plus belle avenue du monde : «Je suis ravi que vous m'invitiez mais la salle est inaccessible.»

J'ajoute à l'impossibilité actuelle d'aller en salles une autre difficulté, voire un scandale : les enceintes pouvant nous accueillir ne nous laissent pas le choix du film. Du moins, dans pas mal d'arrondissements parisiens. Si l'on a envie de voir tel long-métrage mais que la seule pièce pouvant recevoir un fauteuil diffuse un dessin animé… vous avez compris.

Les commerces

Nombre d'entre eux ont une marche, ou un petit ressaut de trois à quatre centimètres. Pas grand-chose en somme, mais un obstacle de taille pour entrer dans un magasin en fauteuil roulant. Dans de nombreuses échoppes, il y a aujourd'hui des accès pour handicapés. Pas dans tous les commerces, mais on avance, des efforts sont faits, il faut le reconnaître.

Certains affirment ne pas pouvoir mettre de rampe pour que l'on puisse entrer parce que les immeubles qui abritent leurs boutiques sont classés et qu'on ne peut pas casser. Soit dit en passant, on peut tout à fait aménager les sites classés. À Notre-Dame, un élévateur intérieur a été dissimulé dans les marches. Donc on peut le faire ! Quand ce n'est pas fait, c'est donc qu'on ne veut pas. Si on refuse de moderniser les bâtiments historiques, pourquoi y installe-t-on l'électricité et l'insonorisation, pour ne citer que ces aménagements ? Concevons cependant que le coût des travaux peut rebuter. Il existe une parade, en attendant un investissement de l'État.

La solution ? Des rampes amovibles. On peut les mettre devant l'entrée des magasins et les retirer à volonté. Et qu'on ne me dise pas que ça pèse lourd, parce que c'est faux. Même un enfant pourrait les porter.

À l'Élysée, par exemple, on ne peut rien toucher car le bâtiment est classé. Il y a une rampe en bois de chaque côté de l'escalier, sur laquelle une chaise roulante peut glisser. On peut faire ça partout, on le doit. Il faut compter entre 124 et 299 euros la planche antidérapante pouvant supporter mille kilos, et 2 900 euros pour une rampe de compétition, très grande, et maousse costaud.

Et c'est déduit des impôts, autant dire que ça ne coûte rien au final. Que ce soit fait, dans tous les commerces.

Autre solution, moins contraignante, mais plus onéreuse pour le pouvoir : prévoir un fonds public « commerces pour tous », propose APF France handicap. Le gouvernement sait se donner les moyens quand il veut, preuve en est de l'isolation thermique, devenue chantier prioritaire, car écologique. Les élus veulent avancer sur ces questions, parfait ! Mais je ne peux pas croire que le sort d'hommes et de femmes en situation de handicap soit moins important que celui de la planète… Il faut que tout soit mis en œuvre pour que, comme les valides, nous puissions consommer. Car si nous ne dépensons pas, c'est indépendant de notre volonté.

Il y a une raison supplémentaire au fait que nous ne dépensions pas ou peu…

L'indemnité handicap

Pour un adulte, elle est aujourd'hui de 902,70 euros. Et ça, c'est le montant maximal. Une fois que le loyer et la nourriture sont payés, combien reste-t-il ? Rien, ou presque. Il faut impérativement revaloriser cette pension.

La solution ? Que les députés renoncent à l'augmentation de leur enveloppe de frais, celle qu'ils se sont allouée en janvier dernier. Ils touchaient jusque-là 18950 euros par an pour leurs dépenses de transport, téléphone et affranchissement de courrier. Ils sont maintenant défrayés à hauteur de 21700 euros. Nous avons 577 députés, ça ne fait donc pas une fortune, mais céder cette rallonge aux handicapés changerait quand même la donne, et nos élus pourraient, ainsi, cocher le «Fraternité» de la devise française…

J'ajoute, parmi les injustices flagrantes concernant cette indemnité, une information qui vous laissera sans doute bouche bée : quand un homme ou une femme en situation de handicap se marie et que son conjoint a un salaire, l'allocation est supprimée. On est donc, dès lors, entièrement assujetti à sa moitié. Dépendance quand tu nous tiens…

Les hôtels

Ils ont pour la plupart, sur notre territoire, des marches devant leur entrée, et beaucoup d'entre eux ont des escaliers mais pas d'ascenseur ; ça c'est en apéritif.

Parlons à présent du plat de résistance, les **chambres**. Elles sont souvent non adaptées et trop petites pour permettre à une personne en fauteuil de s'y déplacer. Ajoutons à cela que si un hôtel possède une chambre équipée pour les personnes à mobilité réduite, il est rare qu'il en ait plus de deux ou trois, y compris dans les grands complexes hôteliers. Partir entre amis en situation de handicap ne permet donc pas d'être réunis dans un seul et même gîte, du moins en France parce qu'à l'étranger en revanche, des chaînes telles que les Novotel sont équipées.

Abordons maintenant le problème des **portes d'entrée aux chambres**, qui pose en réalité un double problème. La plupart ont une petite marche de deux centimètres devant. Et ajoutons à cela le poids de la porte, lourde. Je n'ignore pas qu'elle l'est pour des raisons de sécurité, mais comment pousser une porte de plusieurs kilos lorsqu'on est en fauteuil ?

La solution ? Trouver des matériaux légers qui permettent à la fois d'assurer la sécurité incendie et de nous laisser entrer ou sortir de nos chambres sans solliciter d'aide.

La salle de bains et les toilettes sont le plus souvent non adaptées aux personnes en situation de handicap. S'il n'y a pas de barre accrochée aux murs pour se relever dans ces pièces, les handicapés ne peuvent ni aller se doucher ni se soulager.

La solution ? Mettre des barres dans les chambres. Ça coûte quelques euros, et changera plus de quelques vies : douze millions.

Le self, notamment du petit déjeuner, ne va pas non plus. Les plateaux, couverts, assiettes, les mets, boissons sont toujours en hauteur, ou alors il faut tendre le bras parce que les choses sont loin sur les tables. Quand on est debout, ça ne pose pas de problème, mais assis, on ne peut souvent rien atteindre seul.

La solution? Tout mettre à portée de main d'homme en fauteuil roulant. Ou prévoir un aidant derrière chaque infirme. Donc définitivement baisser les aliments, les boissons et la vaisselle.

La piscine : certains hôtels mettent un petit siège au bord du bassin. On s'assoit et quelqu'un peut nous descendre dans l'eau. Ça, c'est dans le cas où on arrive déjà à passer le pédiluve et surtout ses rebords surélevés…

La solution? Tous les hôtels devraient pouvoir recevoir des personnes à mobilité réduite, tous. Et pour ce faire, il faut que le critère « accessibilité » soit une case à remplir pour gagner une étoile ou être bien noté. Pourquoi? Parce que derrière les labels et étoiles, c'est la qualité de l'accueil qu'on loue. Donc l'accessibilité doit en faire partie. J'ajoute que chaque hôtel du territoire français doit obligatoirement posséder des chambres pour handicapé depuis un arrêté du 8 décembre 2014, excepté pour ceux ayant moins de dix chambres. Que cette loi soit respectée.

Parlons maintenant des **miroirs** dans lesquels aucun individu en fauteuil roulant ne peut se voir tant ils sont hauts. Même dans nos propres chambres, c'est impossible. Je prends un jour une photo de moi devant une glace, ou plus précisément en dessous, et je la montre à un directeur d'établissement : « Regardez ce qui se passe quand on est en chaise roulante ! » Il me répond : « Oh mon Dieu ! » Ben ouais !

La solution ? De plus grands miroirs, partant du sol, tout bêtement.

Les logements

Il y a de réelles difficultés pour une personne en situation de handicap à louer un logis et la raison en est glaçante puisque nous parlons ici de discrimination. Soit le propriétaire refuse un infirme parce que son fauteuil roulant peut, pense-t-il, abîmer l'appartement en cognant les murs par exemple, soit il refuse parce qu'il va devoir faire des travaux pour adapter l'habitation.

Imaginons que nous renoncions à vouloir emménager dans un immeuble ancien, pour la bonne raison que les travaux et mises aux normes s'avèrent ardus : sachez qu'il n'est pas plus simple de s'installer dans un immeuble moderne. La plupart n'ont aucun logement accessible, y compris dans les résidences neuves. C'est fou, mais vrai. Qu'à cela ne tienne, il reste toujours la possibilité de choisir un appartement de la ville, un HLM. Mais en fait ça ne va pas non plus. Beaucoup, aujourd'hui encore, n'abritent aucun appartement accessible aux personnes en situation de handicap. Pourtant, 100 % des logements neufs sont censés être accessibles… du moins jusqu'à la loi Élan.

Créée en 2018 par l'actuel président de la République, cette loi rétropédale et n'exige finalement que 30 % de logements adaptés. APF France handicap a interrogé l'Élysée sur ce retournement de veste et voici ce qu'on leur a répondu : *rendre les appartements viables pour les handicapés signifie construire de grandes pièces, puisqu'ils doivent pouvoir se déplacer en fauteuil.* Et ça, c'est visiblement compliqué à imposer aux constructeurs.

Imposer en revanche aux invalides d'aller vivre loin des centres-villes paraît simple, puisque là, l'offre d'habitations est plus large. Sauf qu'une fois installé, comment se rendre au cœur d'une métropole ? En métro ? Nous avons vu que c'était impossible. En bus ? Pourquoi pas si on vit à la lisière de Paris, mais dans une ville de province, il n'y a parfois pas de transports en commun, nous voilà donc logés mais isolés.

La solution ? Que tous les appartements à construire soient accessibles aux personnes en situation de handicap. Pourquoi tous ? Parce que nous voulons aller visiter notre famille et nos amis et que souvent nous ne le pouvons pas. Soit les pièces sont trop étroites pour passer en fauteuil, soit les toilettes ne sont pas accessibles, car dépourvus de barre de maintien. Or ces installations ne coûtent pas cher. On ne parle là que de casser des cloisons ou d'en installer des mobiles, ce qui se fait dans de nombreux pays du monde.

Les ascenseurs maintenant, qui sont souvent trop étroits pour accueillir un fauteuil roulant, et tombent régulièrement en panne, tout le monde le sait. De la même façon, on sait que les délais d'intervention se comptent davantage en jours qu'en heures. Avant, on pouvait solliciter l'aide des pompiers pour monter ou descendre de chez soi, mais aujourd'hui c'est terminé. Depuis quelques années, cela ne fait plus partie de leurs attributions.

La solution? Les ascensoristes devraient toujours avoir des pièces de rechange en stock. La proposition émane d'APF France handicap. Ainsi, il n'y aurait plus de délais de réception des matériaux, la réparation serait effective dès le jour de la panne. L'idée est excellente, et elle ravira les personnes à mobilité réduite, mais aussi les personnes âgées et celles qui ont les bras chargés de courses, entre autres.

L'association propose également que l'ascensoriste ait une convention avec un service d'ambulanciers par exemple. Ainsi, un élévateur en panne égale une personne dans l'immeuble pour aider les nécessiteux. Je résume : soit l'ascensoriste se débrouille pour réparer l'ascenseur à la vitesse de la lumière, soit il engage quelqu'un et le met par écrit, dans son contrat de maintenance. Après tout, les handicapés n'étant pas exempts de charges à payer, il est bien normal qu'ils ne soient pas plus pénalisés que leurs voisins.

Les crédits

Il est tout à fait possible d'en contracter un, notamment pour devenir propriétaire de son logement ou acheter quoi que ce soit d'autre d'ailleurs. Mais il faut savoir que la surprime imposée aux gens en situation de handicap est faramineuse. J'ajoute que si je n'ai aucun problème, pour ma part, à faire plier les banques et les assurances car j'ai, sans prétention, une petite notoriété, la majeure partie des organismes de crédit jouent les timorés quand il s'agit d'accorder un prêt à qui est invalide. On ne vous dit pas officiellement que c'est parce qu'on doute de votre longévité, mais c'est officieusement exactement le cas.

La solution? Les prêts pour les personnes en situation de handicap doivent être garantis par l'État. Créons un fonds de solidarité nationale qui prendrait le relais pour finir de rembourser le crédit si le handicapé décède. Il suffirait que chaque Français paie une taxe de dix euros par an pour que tout handicapé voie son prêt accepté, et remboursé. Je suis certain qu'aucun de nos concitoyens ne refuserait de donner une somme si modique, une fois dans l'année.

La voirie

Sur quoi se font les campagnes pour les municipales ? Sur l'écologie. À Lille, Paris, Lyon, Marseille et d'autres grandes villes, il faut jeter un coup d'œil aux programmes des candidats : tous sont écolos. C'est normal, on va en crever. Mais pas une ligne sur le handicap ! S'agissant de Lyon, on nous explique que l'on va rendre la ville totalement piétonne. Génial. Mais on ne précise pas que ce sera uniquement pour les bipèdes. Comment fait-on pour aller d'un point à un autre en fauteuil roulant ? La France qui se réveille verte, juste avant les élections, ferait bien de se réveiller inclusive, aussi.

À Paris, où j'habite, la maire a-t-elle eu un mot pour les handicapés pendant sa campagne ? Zéro. Elle parle de végétalisation, de voies piétonnes. Encore une fois, c'est extra ! Comment je me rends sur ces voies piétonnes ? Et quand je m'adresse à la mairie via Twitter, en disant : « J'aimerais bien aller un jour avec mon fauteuil sur les berges de la Seine que vous avez réservées aux vélos », on me répond : « Vous avez tel bus. » Sauf que ce bus ne passe pas à côté de chez moi. Comment je fais pour y accéder ?, etc. Stop aux réponses toutes faites.

Les solutions ?

Goudronner toutes les pistes cyclables et les autoriser à tous types de cycles. Les roues d'un fauteuil roulant sont des cycles, donc ma chaise doit pouvoir les emprunter. Aujourd'hui, ces pistes cyclables sont faites sur des pavés. Si on y va en chaise, on se casse la gueule. Qu'on les recouvre de goudron.

Aménager des pentes douces à tous les passages piétons. Les passages piétons ne sont pas adaptés pour les chaises roulantes. Ils ont une sorte de petit rebord, ne sont jamais complètement plats. En chaise, tu es toujours obligé de tourner, retourner, pour arriver à le passer. Supprimons les rebords de trottoir pour faire des pentes douces à la place.

Pour les non-voyants, dans certaines grandes villes, il existe des équipements au sol, des trucs un peu bombés par terre, pour qu'ils sachent, détectent avec leur canne, qu'il y a un passage piéton à cet endroit-là, mais il n'y en a pas partout. Il faut qu'il y en ait partout !

Refaire la chaussée. Une chose simple et vue à l'aune de mon handicap : ma possibilité de marcher s'étant amoindrie au fil des années, je suis plus souvent en fauteuil roulant; j'ai un fauteuil électrique

que j'utilise parfois, mais c'est très difficile de circuler parce qu'il y a des nids-de-poule, des passages peu praticables et des trous dans la chaussée. Si ces trous sont dus à l'usure naturelle du macadam, c'est à l'État de payer, à nous donc, via nos impôts. Mais il y a certains trous dont la réparation et le coût ne devraient pas nous incomber. J'éclaircis mon propos : dans la majorité des quartiers parisiens, il y a des immeubles haussmanniens soumis à une règle impliquant un ravalement tous les dix ans. Souvent, les travaux de ravalement laissent des crevasses dans le trottoir, que personne ne rebouche. Personne. Je n'ai pas enquêté auprès des ouvriers de chantier, je le sais parce que j'utilise les trottoirs, et que je manque tomber dans chaque trou. Demandons aux entreprises chargées des ravalements de les combler, ce qui, pour sûr, leur paraîtra normal puisqu'il s'agit simplement là de finir correctement leur travail.

Repenser la ville à plat : on végétalise, on piétonnise, on te permet d'accéder à un centre-ville totalement piéton, formidable ! On est en train de rendre la ville à ses habitants, je suis totalement pour ! Mais dans ce cas il faut rendre les accès pratiques aux handicapés. Et cela veut dire faire des villes plates, pour qu'on puisse aller partout.

Changer les grilles d'évacuation des eaux : vous savez ce sont ces trous carrés ou rectangulaires que nous voyons sur les trottoirs ou dans les caniveaux, recouverts de barres en fonte. Et si je demande qu'on les remplace, c'est que dans le meilleur des cas, les roues de nos fauteuils se coincent dedans, et dans le pire, nous font chuter. Les femmes en talons savent parfaitement de quoi je parle. Il existe des grilles en croisillons très étroits qui permettraient aux fauteuils roulants de circuler en toute sécurité. Sinon, il y a encore plus simple, il faut mettre les barres dans l'autre sens.

La sexualité

Une loi du 13 avril 2016 condamne le client d'une prostituée à cinq cents euros d'amende. En cas de récidive, la contravention est de 3 750 euros. Les hommes politiques, je n'en doute pas, se diront que flûte ! ils n'avaient pas pensé à cela. Pas pensé au fait qu'on perd beaucoup de charme en chaise roulante, ni au fait que sans relations tarifées, il peut être compliqué pour une personne en situation de handicap d'avoir des relations sexuelles tout court.

Je ne dis pas que handicap rime forcément avec célibat, je dis en revanche que la possibilité est plus grande que pour les valides. Bref, il y a donc cette loi qui pénalise le client, quel que soit son profil. Sophie Cluzel, la secrétaire d'État aux personnes handicapées, a demandé au Conseil consultatif national d'éthique (CCNE) de donner un avis sur cette question pour ensuite décider de ce qu'il convenait de faire.

Je sais que la décision est compliquée pour le pouvoir, notamment à cause des féministes. Je comprends parfaitement la crainte de ces dernières quant à l'avilissement de la femme. Je le partage, même. Cependant…

La solution? Ce serait que les personnes à mobilité réduite ne soient pas soumises à cette loi. Et ce pour une raison d'une simplicité enfantine. On ne peut pas assimiler l'assistance sexuelle à de la prostitution. Et il s'agit bien d'assistance dans le cas d'une personne à mobilité réduite. Dès lors que nous parlons d'aide, rien à mes yeux ne doit tomber sous le coup de la loi. Et je ne joue pas sur les mots, je ne fais que regarder comment on gère cette question au-delà de nos frontières.

Aux Pays-Bas, depuis une vingtaine d'années, les personnes handicapées peuvent bénéficier d'un accompagnateur érotique et sexuel. Certaines prestations sont même remboursées par les assurances sociales des collectivités locales. C'est également le cas au Danemark, en Allemagne, en Belgique et en Suisse. La France peut régler cette question d'un trait de plume. Il ne faut plus attendre. Ce point, qui peut paraître trivial, ne l'est pas. La loi actuelle ajoute de la peine à la peine aux personnes en situation de handicap.

Les fauteuils roulants

On peut aujourd'hui louer des vélos, des voitures, des scooters, des trottinettes dans la rue, et je trouve ça formidable. En revanche, il n'existe pas de bornes de fauteuils. Je ne vais pas dire que c'est discriminatoire, mais plutôt que c'est un oubli. Pour ceux qui sont en fauteuil continûment, la location ne les concerne pas, mais il faut savoir que d'autres, qui peuvent faire quelques pas dans la journée, verraient un avantage de taille à pouvoir emprunter un fauteuil roulant ponctuellement.

Il faut aussi, pendant qu'on y est, penser à inventer une chaise ultra légère, qu'on pourra entrer, sortir, plier même. Pour information, un fauteuil roulant pèse en moyenne cent vingt-cinq kilos…

Et puis, pour finir, je propose qu'il y ait des prêts de véhicule pour personnes à mobilité réduite devant toutes les grandes surfaces et les centres commerciaux du pays. Dans d'autres États européens, lorsque l'on pénètre dans un hypermarché, il y a systématiquement, à l'entrée, des fauteuils en prêt ou des scooters. En Angleterre, il y a tout un parc devant le perron pour les personnes âgées et les handicapés. D'ailleurs, il y en a dans les musées, et la mise à disposition est gratuite. Ce parc est, chez les Anglais, la première chose que l'on voit en entrant dans le centre commercial.

En France, ça existe mais la flotte est loin, donc cachée si on ignore qu'il y en a une. Et ce n'est de toute façon pas automatique, voire carrément rare.

La solution? Penser à des fauteuils à louer sur le pavé, comme les Vélib', sous des abris évidemment, parce que ni l'assise ni le dossier ne doivent être à nu quand il pleut ou neige. 2,3 millions de personnes souffrent de handicap moteur. À mes yeux, cela fait suffisamment de monde pour intéresser des fabricants, loueurs ou maires, puisqu'un gain se profile.

Dans les lieux culturels et les grandes surfaces (pour commencer), il faut que le prêt de fauteuil ou de voiturette devienne un service évident. Ça doit même être obligatoire, et ce sera une aubaine pour tous. De fait, cela nous rendra service à nous, personnes à mobilité réduite, car si nous savons qu'à tel endroit nous pouvons être indépendants, faire du shopping tous seuls, alors nous irons là. Et c'est dans ce lieu que nous consommerons et achèterons. Donc les commerces y gagneront tout autant. Enfin, détail non négligeable : il existe des dispositifs de location entièrement remboursés par la Sécurité sociale. La grille est donc 100 % gagnante pour les patrons de complexes commerciaux. Alors ils doivent le faire.

La scolarité

«Je créerai tous les postes d'auxiliaires de vie scolaire pour que les jeunes enfants vivant en situation de handicap puissent aller à l'école», avait dit le président Macron en pleine campagne présidentielle. Plus de onze mille enfants en France ne peuvent toujours pas être scolarisés à ce jour.

Il avait ajouté : «Je créerai les postes et les structures pour que les enfants, en particulier les jeunes autistes, n'aient plus à aller à l'étranger pour pouvoir aller en centre.» Aujourd'hui, plus de huit mille enfants sont exilés de France. Le gouvernement, inerte sur ces questions majeures, enfreint de surcroît, ce qui n'est pas rien, la loi du 11 février 2005, qui pose le principe du droit à la scolarité pour tout jeune en situation de handicap.

La solution? Faire ce qui a été annoncé. Car une parole, à mes yeux, vaut engagement. J'ajoute, à l'adresse du pouvoir, qu'il me paraît normal, dans un pays où nous payons des impôts, de recevoir un service en échange.

Aux âmes, citoyens !

Il peut arriver à n'importe qui d'être un jour en fauteuil roulant, à n'importe qui. À la suite d'un accident de la route, d'une chute, d'un AVC, d'une maladie dégénérescente telle que la sclérose en plaques. Et cela peut arriver à n'importe quel âge. Personne n'est à l'abri. On n'y pense pas, parce que cette idée est terrifiante, à juste titre.

Être touché par le handicap, c'est comme vivre avec un nœud coulant autour du cou, c'est avoir le corps façonné par la douleur, c'est être enfermé dans une boule à neige.

Voilà pourquoi il est temps que les engouements politiques pour cette cause ne soient plus électifs, donc factices.

Sur ce thème, il ne doit pas y avoir de chapelle. Je me moque que la main qui agit soit de droite ou de gauche, pourvu qu'elle ne tremble pas.

J'ai donc une proposition à faire aux gouvernants pour m'en assurer : qu'ils passent vingt-quatre heures en fauteuil roulant. Car à mes yeux, la mobilité, l'indépendance, la liberté, en un mot… seuls ceux qui en sont privés en ont la notion.

Remerciements

Merci à Ambre Bartok, sans qui rien n'aurait été possible.

Merci à Zoé et Mia de ne pas avoir fait de bruit quand papa travaillait.

Merci à Cyril Colbeau-Justin pour son enthousiasme lors de nos déjeuners quand je lui racontais le livre. Il est parti trop tôt pour le lire.

Merci à Fred Farrugia, mon petit frère pour la vie.

Merci à mes éditrices Susanna Lea, Sophie Charnavel, Soazig Delteil et à leurs équipes.

Merci à APF France handicap.

Merci à tous ceux qui m'ont donné une chance.

Table

La photocomposition de cet ouvrage
a été réalisée par
GRAPHIC HAINAUT
30, rue Pierre Mathieu
59410 Anzin

MIXTE
Papier
FSC® C003309

L'éditeur de cet ouvrage s'engage dans une démarche de certification FSC® qui contribue à la préservation des forêts pour les générations futures.

Pour en savoir plus :
www.editis.com/engagement-rse/

CET OUVRAGE
A ÉTÉ ACHEVÉ D'IMPRIMER
SUR ROTO-PAGE
PAR L'IMPRIMERIE FLOCH
À MAYENNE EN SEPTEMBRE 2021

N° d'édition : 61511/01 – N° d'impression : 98976
Imprimé en France